만화로 독파 재밌는 만화성경

구약편

구약편

주요 등장인물

아담과 이브

하나님이 창조한 최초의 인간.

노아

하나님의 마음에 맞는 의로운 사람. 하나님의 명으로 세계를 멸망시킬 대홍수에 대비하여 방주를 만든다.

아브라함

하나님의 소명을 받들어 백성들을 가나안까지 이끈 이스라엘의 시조.

모세

이집트의 노예가 된 이스라엘 백성을 하나님의 말씀에 따라 구출하고 '약속의 땅'으로 인도한 지도자.

기드온

사사(士師)라 불리는 이스라엘의 지도자 중 한 사람. 겁쟁이이었지만 하나님의 격려에 힘입어 적군을 물리친다.

여호수아

모세가 죽은 후, 백성들의 선두에 선 지도자. 여리고를 비롯해 가나안을 정복한다.

요셉

형제들의 질투로 인해 이집트에 노예로 팔려가지만, 바로의 꿈의 비밀을 밝혀주어 총리대신이 된다.

사울

이스라엘의 제1대 왕.
다른 나라의 공격으로부터 이스라엘을 구하지만 차츰 권력의 맛에 빠져 자신을 잃게 된다.

솔로몬

다윗의 아들로 이스라엘의 제3대 왕이 된다.
하나님에게 지혜를 구하여 백성들에게 공정한 심판을 베푼다.

다윗

원래는 양을 치는 목자였지만 하나님의 선택을 받아 이스라엘의 제2대 왕이 된다. 카리스마 있고 이스라엘에 번영을 가져다준다.

차례

프롤로그
A.D.1세기 경
예수 그리스도 신앙으로
팔레스타인 지역에서
탄생하였으며,
현재 20억 명이 넘는
신자가 있는 세계 최대의
종교이다.
기독교

구약성경
기독교 『성경』은 「신약성경」과 「구약성경」 2권으로 나누어져 있으며
이 둘을 합쳐 『성경』이라 부른다.
신약성경

「신약성경」에는 예수 그리스도의 가르침과 그의 생애, 그리고 제자들의 전도활동이 기록되어 있다.

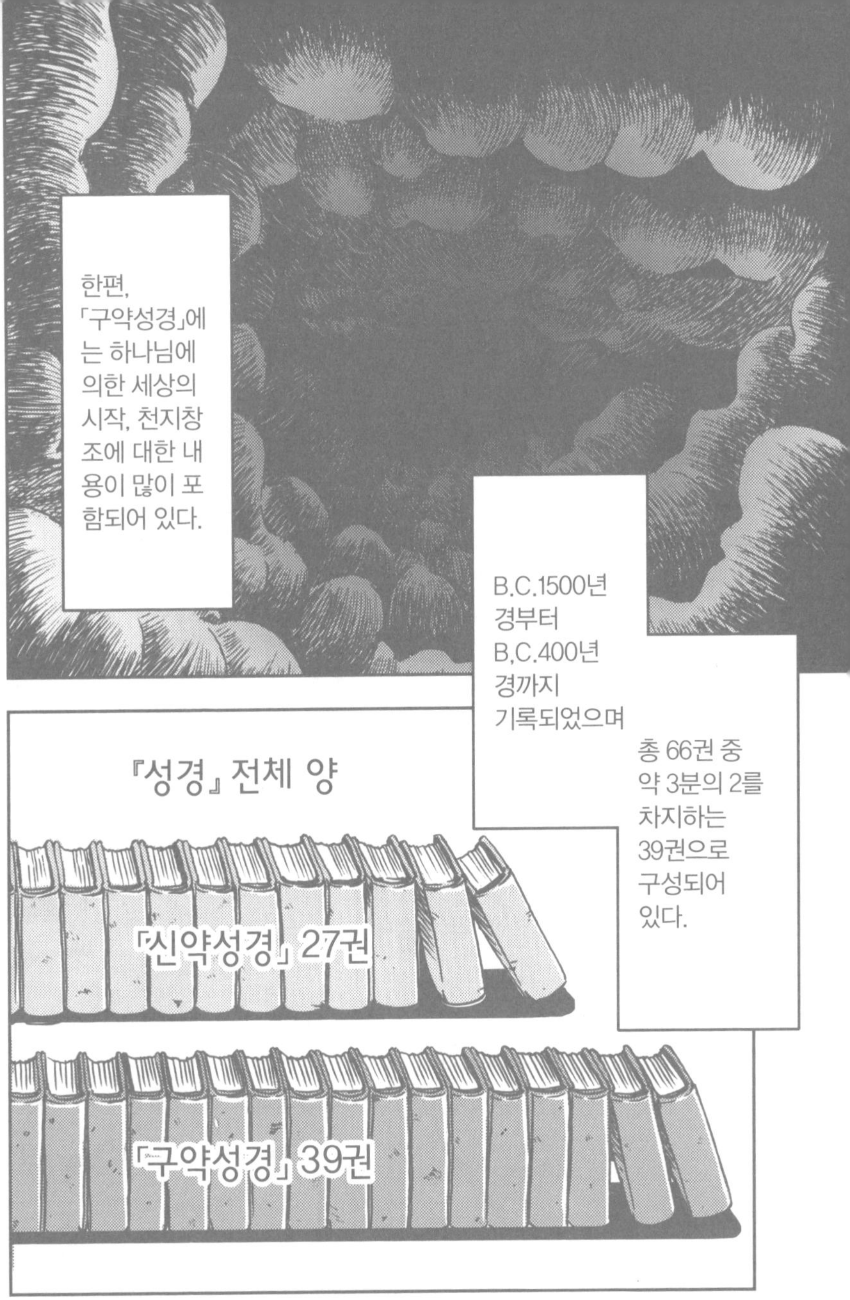
한편, 「구약성경」에는 하나님에 의한 세상의 시작, 천지창조에 대한 내용이 많이 포함되어 있다.
B.C.1500년경부터 B.C.400년경까지 기록되었으며
총 66권 중 약 3분의 2를 차지하는 39권으로 구성되어 있다.
『성경』 전체 양
「신약성경」 27권
「구약성경」 39권

※예언자 – 하나님의 말씀을 받는 사람을 의미하며 미래를 점찍는 예언자와는 다르다.

그리고
우아아아
「신약성경」과 함께 지금도 많은 사람들을 매료시키고 있는 「구약성경」은 이제 시작된다.
슥

구약성경

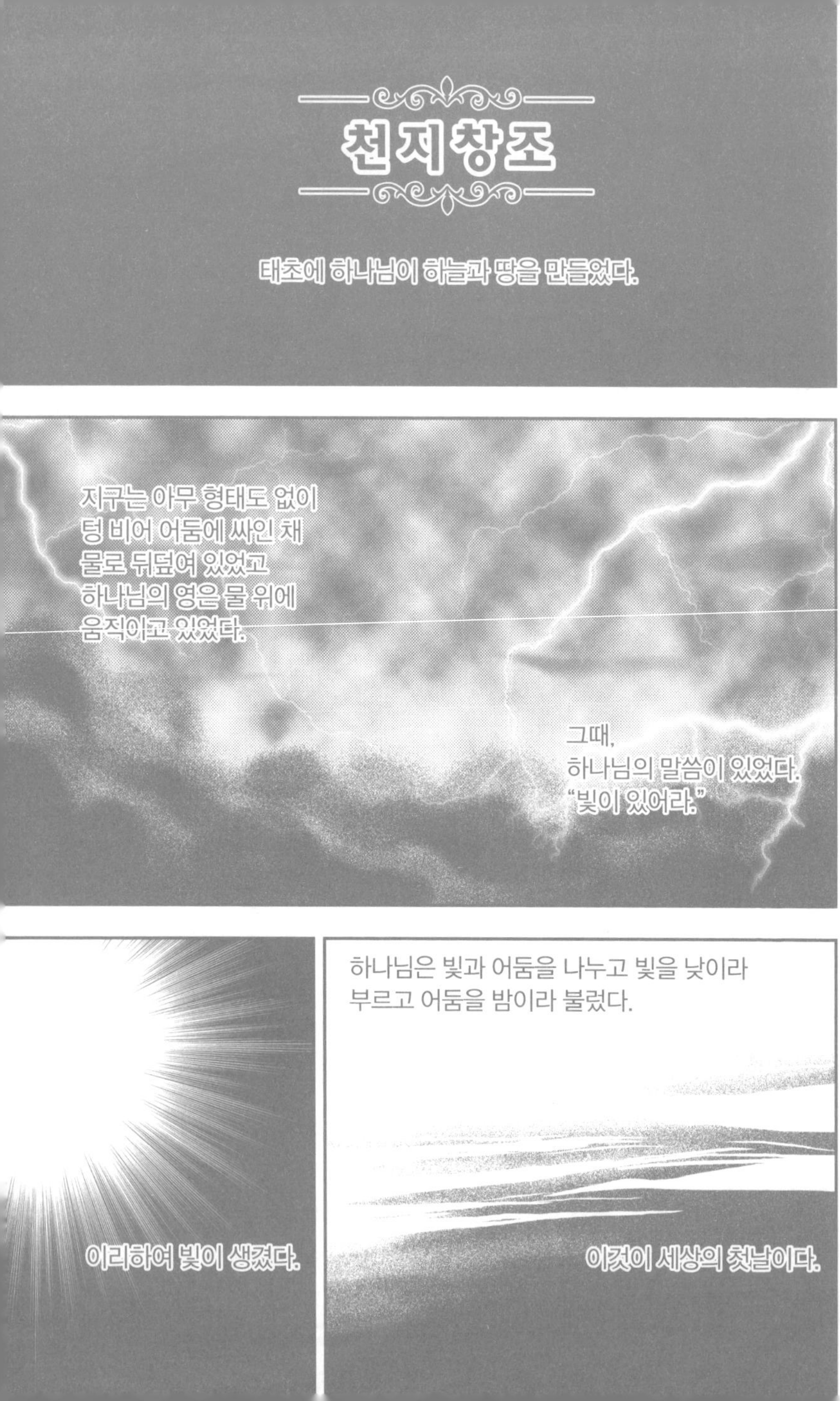
천지창조
태초에 하나님이 하늘과 땅을 만들었다.
지구는 아무 형태도 없이
텅 비어 어둠에 싸인 채
물로 뒤덮여 있었고
하나님의 영은 물 위에
움직이고 있었다.
그때,
하나님의 말씀이 있었다.
"빛이 있어라."
이리하여 빛이 생겼다.
하나님은 빛과 어둠을 나누고 빛을 낮이라
부르고 어둠을 밤이라 불렀다.
이것이 세상의 첫날이다.

세계는 6일에 걸쳐
서서히 만들어졌다.
하나님의 능력으로
하늘이 만들어지고
육지와 바다가
나누어지고 땅은 풀과
나무로 뒤덮였다.
하늘에는
태양과 달과
별이 놓이고
땅와 바다에는
다양한 생물이
넘쳐났다.
그리고 하나님은 마지막에 자기 형상대로
인간을 창조했다.
하나님은 말씀하였다.
“너희는 자녀를
많이 낳고 온 땅에
가득하라. 바다의
물고기와 하늘의
새와 땅에
움직이는
모든 생물을
다스려라.”
이리하여
일곱째 날에
하나님은 모든 일을
마치고 이날을
축복하며 쉬었다.

하나님은 최초의
인간을 흙으로
창조하였다.
그가 바로 흙으로 만든
사람, 아담이다.
하나님은 에덴동산을 만들고
사람을 그곳에 살게 하면서
그곳을 가꾸고 지키도록 하였다.
"네가 동산에 있는 열매를
마음대로 먹을 수 있으나
단 한 가지 선악을
알게 하는 열매만은
먹지 말아라."
"그것을 먹으면
네가 반드시
죽을 것이다."

하나님은 말씀하였다.
“내가 너를 도울 짝을
만들어주겠다.”
하나님은 온갖
들짐승과 새를
흙으로 만들어
아담에게로 데려왔다.
아담은 이들에게
이름을 지어주었지만
자신에게 맞는 짝은
찾지 못했다.
그래서 하나님은 아담을 깊이
잠들게 한 다음,
그의 갈비뼈 일부를 빼서
여자를 만들었다.
아담은 말했다.
“이는 내 뼈 중의 뼈요,
살 중의 살이구나.”
“남자(이쉬)에게서
나왔으니 이를
여자(이샤)라고 부르자.”
이리하여 여자는
아담과 함께 에덴동산에
살았다.

그런데 여자는 뱀의 꼬임에 넘어가 하나님이 금지한 나무에서 열매를 따 먹고 말았다.
그리고 남자도 여자가 주는 열매를 받아먹었다.
그러자 둘은 자신들이 벌거벗은 사실을 알게 되었고, 창피한 마음에 무화과나무 잎으로 옷을 만들어 입었다.
둘은 나무 사이에 숨어 있었는데 동산을 거닐던 하나님이 말씀하였다.
"네가 벗은 것을 누가 말해 주었느냐? 내가 먹지 말라고 한 열매를 먹었구나."
하나님은 말씀하였다. "여자여, 내가 너에게 임신하는 고통을 크게 더했으니 네가 진통을 겪으며 아이를 낳을 것이다."
"아담아, 땅은 너 때문에 저주를 받았고 너는 평생 수고해야 먹게 될 것이다."

※케루빔-지식의 천사로 네 개의 얼굴과 두 쌍의 날개를 가지고 있다.

가인과 아벨
이브는 임신하여 가인을 낳았고 “내가 주의 도움으로 아들을 얻었다”라고 고백했다.
얼마 뒤 이브는 둘째 아들 아벨을 낳았다.

시간이 흘러
가인은 땅을 일구는
농사꾼이 되었고
아벨은 양을 치는
목자가 되었다.
어느 날, 가인은
농산물을 하나님에게
제물로 드렸고
아벨도 양 무리 중 살찐
첫 새끼를 가져다 드렸다.

하나님은 아벨과
아벨의 제물은 기뻐했지만
가인과 가인의
제물은 받지 않았다.
하나님은
말씀하였다.
가인아.
만약
네가 옳다면
얼굴을 들어
보아라.
어째서
화가 나서
얼굴을 들지
못하느냐?
…그래,
형!
가자.
…아벨.
들에
나갈까?
할 얘기가
있어.
형…
속상했지…?

형, 할 얘기
란게 뭐…
탕
가인은 아벨을 크게 질투하여
아벨을 들로 데리고
나가서 죽이고 말았다.
주님은 아벨만
이뻐하시고…!

타타탁
가인아…
네 동생 아벨은 어디 있느냐?
타타탁
모릅니다! 제가 동생을 지키는 사람인가요?
무슨 짓을 한 거냐… 네 동생의 피가 땅속에서 부르짖고 있다.
지금 너는 저주를 받았다.
우아아아아…!

네가 밭을 갈아도
땅이 너를 위해
농산물을 주지
않을 것이다.
아벨…
아냐…!
또 너는
떠돌아다니는
방랑자가
될 것이다.
이건 꿈이야…
…주님.
제 벌이
너무 무거워서
감당할 수
없습니다.
주께서 오늘
이 땅에서 저를
쫓아내셔서 제가
떠돌아다니게
되면
저는
누군가에게 죽임을
당할 것입니다.
아니다.
누구든지 너를
죽이는 자는
벌을 일곱 배나
받을 것이다.

하나님은
가인에게
표시를
주어
아무도
그를 죽이지
못하게
하였다.
주님…!
이리하여 가인은 하나님 앞을 떠나 에덴 동쪽의
놋(방랑)에서 살게 되었다.

그 후, 가인은 결혼을 하게 되었고
아내는 임신하여 에녹을 낳았다
가인은 마을을 세우고 그 마을을 아들 이름을 따 에녹이라 불렀다.
보아라, 에녹! 네 마을이다.
그 후, 가인의 자손은 몇 세대에 걸쳐 그 마을에서 잘 살았다.

그로부터 몇 세대가 지난 뒤…
노아
아담과 이브의 자손 중 노아라 하는 사람이 있었다.
노아의 방주
하하하하하
이 땅에 사람들이 늘어나기 시작했고
하나님은 그들이 나쁜 일에만 몰두하는 것을 알고 있었다.

노아는 그런 시대 속에서도 하나님과 함께하며
하나님 뜻대로 사는 의로운 사람이었다.
하아…
어째 이런 일이…
사람들이 하나님 앞에서 자꾸 죄를 짓고 잘못된 길로 가고 있어.
주께서 이 땅에 사람을 만드신 것을 후회하며 슬퍼하고 계실 거야.
터벅
터벅
노아야…
털썩
아이구… 주님 목소리다…!

노아야,
이 세상의 끝 날이
내 눈에 보이는구나.
이 땅이 사람들로
인해 죄로 가득
찼다.
그래서 나는
결정하였다.
……
숨이 붙어 있는
모든 것들을 없애기 위해
큰 홍수를 일으킬 것이다.
…하지만
나는 너와
언약을 맺겠다.
천장에
창을 만들고
문은 옆으로 내고
각각 3층으로
만들어라.
너는 잣나무로
방주를 만들어라.
그 배에 방을 만들고
안팎으로 역청을
발라라.

너는 아내와 아들, 며느리들과 함께 방주에 타거라.
또 모든 생물을 암수 한 쌍씩 배 안에 태워 너와 함께 살아남도록 해라.
나는 7일 후에 40일 동안 밤낮으로 비를 내릴 것이다. 내가 만든 모든 생물이 죽을 것이다!
쓰윽
…알겠습니다!
7일 후라…
터덜
시간이 없지만 가족들과 힘을 합쳐 만들면 완성할 수 있을 거야!

재네 뭐
만드는 거야?
배를
만들고 있대.
노아는 하나님의
명대로 모든 일을
준비했다.
홍수가
난대나
뭐라나!
설마!
여기다 배를
만들다니
바보 아냐?
하하하
바보
취급하다니…
참아라.
주님 말씀대로
반드시 홍수는
일어난다.

겨우 시간에
맞췄네.
이 정도면
40일간의 홍수도
견뎌낼 거야.
드디어
완성했어.
이제 동물들이
오는 걸 기다리면
된다.
다들
저길 봐요!
어?
아이구야.

드디어 왔구나!
쿵
쿵
노아는 하나님의 명대로 암수 한 쌍씩 방주에 태웠다.
순서대로 들어가.
밀지 말고.
우르릉…

그리고 7일 후
비가 내리기 시작했다.
쏴아아아
엄청난 비네…
걱정마! 조금 있음 그칠 거야!
주님이 하늘의 창을 여셨어.
지하의 크고 깊은 샘들이 터졌구나.

살려줘!!!
처얼썩!
대홍수는 40일간 계속되었다.
물이 불어나 방주는
물 위로 떠올랐다.
하늘 아래 있던 높은 산들이
다 물에 뒤덮였고 물은 150일간
계속 늘어났다.

새도 가축도 짐승도 사람도
땅에서 살아서 움직이던 모든 생물이 죽었다…
하지만 방주에 있던
노아와 가족들, 그리고 생물들은
살아남았다.

하나님은 땅에
바람이 불게 하였다.
그러자 물이 줄어들기 시작하였고
지하의 깊은 샘과 하늘의 창이 막히며
방주는 아라랏산 정상에 도착했다.
까아
40일째 되는 날,
노아는 까마귀를
밖으로
내보냈다.
녹색이 있는
땅이 아직은
없는 것 같다.
이번엔 비둘기를
보내보자.
7일 후
감람나무
잎을
물고 왔네.
녹색 땅이
있다는
증거다.
하나님은 노아에게 말씀하였다.
아내와 아들들,
며느리들,
그리고 방주에 탄
모든 생물을 데리고
밖으로 나가거라.

하나님은 불에 탄 제물의 냄새를
맡으며 속으로 이렇게 말씀하였다.
사람은 원래 악한 마음을
갖고 태어난다.
나는 다시는
사람 때문에 땅을
저주하거나 생물을
전멸시키지
않을 것이다.

주님.
주님께서 저희를
구해주셨습니다.
정말 감사드립니다
하나님은 노아와
그 가족을 축복하며
말씀하였다.
자녀를 많이 낳고
번성하여 땅을
가득 채워라.
땅의 모든 짐승과
공중의 새와 바다의
고기가 모두 너희를
무서워할 것이다.
이 모든 것을
내가 다 너희에게
주었다.

살아서 움직이는
모든 생물을
너희 식량으로
주겠다.
나는 너희를
피흘리게 하는
자를 반드시
앙갚음할 것이다.
쉿!
굉장해!
다 우리 거래.
사람을
죽인 사람은
사람에게 죽임을
당할 것이다.
그러나
생명의 원천인
피가 묻은 고기를
그대로 먹어서는
안 된다.

자…
나는 너희와
너희 자손들
방주에 있던
모든 생물과 언약을
세우겠다.
이제 다시 대홍수로
생명을 멸종시키는
일은 없다.
나와 모든 생물이 맺는
영원한 언약의 표시는
이거다.
오오!
정말
아름다워…

나는 구름 속에 무지개를 띄우겠다.
무지개가 구름 속에 나타나면 나는 모든 생물과의 언약을 기억하겠다.
주님…
그리하여 대홍수 후 노아의 자손이 온 세상으로 퍼져나갔다.
감사합니다!

바벨
자자! 벽돌을 더 구워!!
도시를 세우고 하늘에 닿을 높은 탑을 만들어 우리 이름을 알리자!
우리는 절대 흩어져서는 안 돼. 일치단결하자!

어, 알았어.
그 벽돌 이쪽에도 놔줘.
야.
당시 세상 사람들은 하나의 언어를 사용했다.
힘을 합치면 이렇게 큰 탑도 만들어내잖아.
그치?
역시 사람은 위대한 거 같아.
이 탑이 있음 천하무적이야.
홍수도 다 옛날 얘기지.
사람이 세상을 지배한다. 크크.
사람들은 동쪽에서 이동해서 시날 땅 평지에 자리를 잡았다.

하나님은 사람이 만든 도시와 탑을
보기 위해 내려와 말씀하였다.
그들이 한 민족이며 하나의 언어를 사용해서 이런 일을 시작했구나.
이대로 가다간 그들이 무슨 짓을 해도 막을 수가 없구나.

지금 당장 가서
서로의 말을
못 알아듣게
만들어야겠다.
재네 왜
싸우고
있는 거야?
Hey!
뭐?
Please give
it to me.
(그것 좀 건네줘)

야, 뭐라는 거야? 알아듣게 얘기해!
장난하냐?
What?
어쩌지…
不能對話.
(대화가 안 돼)
설마…
말이 안 통하게 된 거야?
이러면…
힘을 합쳐 도시를 세울 수가 없잖아!

하나님이 사람들을 온 세상에 흩어버려서 도시를 세우던 일은 중단되었다.
그 후 이 도시는 '바벨'이라 불리게 되었다.
하나님이 사람들의 언어를 혼란(발랄, balal)스럽게 했다는 데서 붙여진 이름이다.

아브라함
뭐라고?!
하나님의 음성을 들었다고?
아브람, 네가 말이냐?
네, 아버지.
노아의 아들 셈과 함과 야벳
그리고 셈의 자손 데라의 아들이 아브람이었다.

※달의 신—아브라함의 아버지인 데라의 고향 우르에서는 자연 신을 믿는 다신교가 유행했다.

주님은 이렇게 말씀하셨어요.
너는 네 고향과 아버지의 집을 떠나 내가 지시한 땅으로 가거라.
저는 그 말씀을 믿고 제 인생을 걸어 볼까 합니다.
이리하여 아브람은 하나님 말씀을 따라 하란을 떠났다.
아내 사래와 하란에서 얻는 종들도 함께 데리고 가나안으로 향했다.
조카 롯도 함께였다.
아버지 데라는 하란에 남아 거기서 생애를 마쳤다.

척…
이윽고 일행은 가나안에 도착했고, 세겜의
성소 모레에 이르렀다.
아주 훌륭한
상수리나무구나.
휙
아브람아…
주님!
저 여기
있습니다!

아브람아.
네 자손들에게
이 가나안 땅을
주겠다.
아브람은 하나님에게
감사기도를 올리고 그곳에
제단을 쌓았다.
일행은 여행을 계속하여
네겝으로 갔다가
이집트로 들어갔다.
아브람 님.
이집트의 바로
왕은 여자를
좋아하기로
유명하다
합니다.
엘리에셀,
왜 그러지?

만약 바로가 사래 님을 보면…
아브람 님을 죽여서라도 빼앗아갈 겁니다.
그러니 사래 님을 아내가 아니라 동생이라 하세요.
그러면 목숨을 지킬 수 있으실 겁니다.
아브람 일행은 이집트에 머물도록 허락을 받았다.
하지만 바로는 사래를 마음에 들어 해 왕궁으로 들였다.
사래!!
아브람 님! 참으세요!!
주인님 목숨은 당신만의 것이 아닙니다.

하지만 하나님은 사래 일로 바로와 왕궁 사람들에게 무서운 병을 내렸다.
아브람을 불러라!
네 아내 사래 때문에 우린 저주를 받았다.
사래를 네 동생이라고 해서 데려온 건데
아브람… 너는 왜 거짓말을 한 거냐?
주님께서 말씀하셨어요.
저를 축복하는 자를 축복하시고 저를 저주하는 자를 저주하신다고.
됐다…
……
네 아내를 데리고 떠나라!

바로는 아브람이 아내와 모든 재물을 가지고 떠나도록 허락했다.
아브람은 사람들을 이끌고 다시 네겝으로 갔다.
우와아
!
뭐하는 거야, 너희들!
와아
와아
그만두지 못해!!

아브람과 롯의 목자들끼리 싸움이 난 것이었다.
가축이 늘어나 그들이 함께 살기에는 목초가 부족했다.
롯아!
이대로는 싸움이 끊이지 않을 거야.
이번 기회에 둘로 갈라지면 어떨까?
네가 왼쪽으로 가면 나는 오른쪽으로, 오른쪽으로 가면 왼쪽으로 가겠다.
알겠어요, 삼촌…
그럼, 건강하세요, 삼촌!

아브람.
아브람아,
밖으로
나오너라.
무서워
말아라.
네게 큰 상을
주겠다.
나의 주,
하나님!
제게 무슨
상을 주신다는
말씀이세요.

제게는
자식이
없습니다.
제 뒤를 이을
자는 충실한 종
엘리에셀입니다.
아브람아,
하늘을
보아라.
네게서
태어날 자가
네 뒤를 이을
것이다.
저 하늘의
별들처럼 네 자손도
많을 것이다.

하나님은 아이를 주겠다고 아브람에게 약속했지만
아내 사래는 좀처럼 아이를 가지지 못했다.
결국, 고민하던 사래는 여종인 하갈을 아브람의 첩으로 삼았다.
얼마 후, 하갈은 임신을 하여 아들을 낳았고
그 이름을 이스마엘이라 지었다.
이스마엘은 하나님의 축복을 받아 나중에 이집트 주변에 사는 열두 부족장의 아버지가 되었다.

※할례－포피의 일부를 잘라내는 것.

벌떡
…!

거기 세 분!
그늘에 앉아 쉬어 가세요. 먹을 것을 가져오겠습니다.
그러도록 하죠.
아브라함, 사라는 어디에 있느냐?
아, 네.
아내는 천막 안에 있습니다.
사라는 반드시 아들을 낳을 것이다.
하나님에게 불가능은 없다.
사라는 내년 이맘때쯤 아들을 낳을 것이다.
당시 아브라함과 사라는, 아이를 낳을 수 없을 정도로 늙었었다.
혹 당신은…!

아브라함.
내가 이제부터
하려는 일을
알려주겠다.
나는 소돔과 고모라를
멸할 것이다.

소돔과 고모라는
죄악으로 물들었다.
나는
그곳으로 가서
그것이 사실인지
확인하려 한다.
소돔에는
롯이
있는데…
주…
주님!
주께서는
의로운 사람을
악한 사람과 함께
멸망시키실
건가요?
50명…40명… 아니,
단 10명이라도 의로운
사람이 있다면 용서해
주실 수 있습니까?
10명의
의로운 사람이
있다면 멸하지
않겠다.

척
소돔과 고모라
여행을 오신 것 같은데
혹시 묵을 곳은 정하셨나요?
그건 위험합니다.
아뇨.
광장에서 밤을 샐 겁니다.
저희 집에서 머무세요!

쾅
쾅
쾅
야! 롯!!
그 사람들을 내보내!
소돔의 방식으로 환영해 주겠다!!
안에 계세요!
제가 알아서 처리할게요!

끼익-
제발 이러지
마십쇼.
나왔냐!
저분들은 저희
집에 오신 소중한
손님들입니다.
뭐라고?!
팍
너 신참
주제에 어디서
훈계질이야!
으윽
스윽
!

번쩍
우아아아
아, 아, 아아
아아
눈이…
눈이
안 보여!!
주는
소돔과 고모라를
멸하실 것이다.
하나님께서
우리를
보내셨다.
롯! 어서
도망가거라.
너는 가족들을
모두 데리고
도망가거라!

롯은 사위들에게 가서 함께 도망가자고 했지만
사위들은 롯의 말을 믿지 않았다.
그래서 롯은 두 딸과 아내를
데리고 도시 밖으로 나갔다.
그때 하나님의
음성이 들려왔다.
목숨 걸고
도망가거라.
절대 뒤돌아
봐서는
안 된다.
산으로
도망가라.
안 그러면 죽을
것이다.
쿠구구궁
!

고
고
고
고
고
보지마!
돌아보지마!!
하나님은 소돔과 고모라에
하늘의 유황 불을 내렸고
도시 전체와 주변 일대는
사람들과 함께 다 불타 없어졌다.

롯의 아내는 뒤돌아보는 바람에
소금 기둥이 되어버렸다.
아브라함이 다음 날 아침 언덕에서
소돔과 고모라를 내려다보자
땅에서 연기가 난로 연기처럼
피어오르고 있었다.

이리하여 의로운
사람이 10명도
없었던 소돔과
고모라는
멸망하였다.
롯…
제발
무사하길…!
하나님의
도움으로
목숨을 건진
롯은 그 후
산속 동굴에
살면서
모압 사람과
암몬 사람의
조상이 되었다.

1년 후, 사라는 하나님의 약속 대로 아들을 낳았다.
내 아들이다. 이삭!!
이삭의 희생
이삭은 아브라함의 뒤를 이을 상속자로 잘 성장했다.

아브라함아.
네!
네 아들 이삭을 데리고 모리아 땅으로 가거라.
거기서 내가 일러주는 산에 올라가…
거기서 네 아들 이삭을
번제물로 내게 바쳐라.
…
주…
주님…!!

제 아들…
이삭을 바치라고요?
지금 뭐라고 하셨습니까?
어째서 이리 하십니까!!
어째서…
주님…!

여기서부터는 이삭과 둘이 가겠다.
이삭은 장작을 메고 따라 오너라.
네, 아버지!
너희들은 여기서 기다려라.
네, 조심하셔요.

네!
돌을 쌓아
제단을
만들자.
그런데 아버지.
제물이 없어요.
......
제물은
주님께서 준비해
주실 게야.
다 됐다.
이삭아.
두 손을 내밀어
보거라.

아버지…
안
풀어지게
꽉 묶어주
세요.
…!
이삭…!!

아브라함!
멈춰라!!

그 아이에게 손대지 말아라!
아무 짓도 하지 말거라.
네가 하나님을 두려워하는 줄 이제 알았다.
너는 네 외아들까지 아끼지 않고 주께 바치려 했구나.

철
컹
이삭아!!
주께서 말씀하셨다.
네 자손을 하늘의 별과 같이, 바다의 모래같이 많게 해주겠다.
세상의 모든 민족은 네 자손을 통해 축복을 받을 것이다.

네가 주께
순종했기 때문이다.

그 후,
어른이 된
이삭은 리브
가와 결혼하
여 쌍둥이를
낳았다.
주님께서
제게 형이 동생을
섬길 거라고
하셨어요.
그게 무슨
뜻이지?
그때 즈음,
아브라함은
전 재산을
이삭에게
물려주고
생을 마감했
다.
온몸이 털로 덮여
있어서 형은 '에서'
라 불렸고,
동생은 형의 뒤꿈
치를 잡고 태어났
다 하여 '야곱'이라
불렸다.
에서와 야곱
에서는 들에
서 사냥하기
를 좋아했고
야곱은 집에
있기를 좋아
했다.
털
썩

형, 괜찮아? 왜 그러는데?
으윽…
배…배가 고파서 죽을 것 같아. 먹을 것 좀 줘, 야곱.
알았어, 형.
그런데 조건이 있어.
야곱은 음식을 주는 대신 에서에게서 장남의 권리를 가져왔다.
그리고 야곱은 나이 들어 눈이 잘 보이지 않는 아버지가 형 에서를 축복하려는 것을 알고 분장을 하고 들어가 에서 대신 축복을 받았다.
말도 안 돼…
동생은 두 번이나 나를 제치고 장남의 권리와 아버지의 축복을 가로챘어.
걔가 그래서 이름이 야곱인 거야.
아버지는 곧 돌아가실 거야.
아버지께서 돌아가시면 그때 야곱에게 복수한다.

에서의 생각을 안 리브가는 야곱을 하란에 있는 외삼촌 라반에게로 보냈다.
야곱. 네가 여기 온 지도 한 달이 됐어. 아무리 친척이라도 공짜로 부릴 수는 없지.
뭔가 갖고 싶은 게 있으면 말해 보거라.
그럼…
사실 우리는 서로 사랑하고 있어요.
제게 삼촌의 작은딸 라헬을 주세요.
… 알았다.
그러나 몇 년 후, 라반은 야곱을 큰 딸 레아와 강제로 결혼시켰다.
큰딸을 먼저 보내고 싶으셨으면 그렇다고 말씀하시지!
하지만 그 후 야곱은 라헬과도 결혼하여 많은 재산을 모으고 아이도 낳았다.
이 아이를 요셉이라고 해요.
그래.
그리고 야곱은 하나님 말씀을 따라 가족을 데리고 고향으로 돌아가기로 했다.

야곱은 여행 도중에 형 에서와 화해하기 위해 하인을 보냈다.
형이 400명을 이끌고 여기로 오고 있다고?!
네…
형은 아직도 나를 미워하고 있나 보다.
주님께서는 고향으로 돌아가라고 하셨는데 어쩌지?
형에게 선물을 많이 보냈는데 그걸로 마음이 풀리면 좋으련만…
다들 무사히 건넌 것 같네.
나는 나중에 따라갈게.
레아! 라헬!
애들을 데리고 먼저 얍복강을 건너가.
알았어요.
사박
사박
누구야?!
?!

야곱은 어떤 사람과 씨름을 벌였고, 씨름은 밤새 이어졌다.
…
내가 졌다. 날이 밝았으니 나를 놓아주게.
싫어요 …
크학!!
저를 축복해 주실 때가지 절대 안 놓을 거예요!
헉
헉
헉
이 분은 분명 천사일 거야.
꼬옥
우리가 무사히 고향까지 갈 거라고 약속하시기 전까진 절대 안 놓을 거야!
…
네 이름이 무엇이냐?
야곱입니다.
이제는 그 이름으로 불리지 않을 것이다.
스르륵 …

네 이름은
이제부터
'이스라엘'이다.
너는 하나님과
겨뤄서 이겼다.
내가
하나님과
얼굴을
맞대고
살아남다
니…!
기적이야.
그 후, 에서와
재회한 야곱은
진심으로 사과
하였고 둘은
화해하였다.

그러나 고향으로 가던 중 라헬은 아들을 낳다 숨을 거뒀다.
이 아이의 이름은 베냐민 (오른손의 아이). 명예로운 아이야.
뚝 뚝
고마워, 라헬…
그리고 드디어 야곱은 아버지 이삭을 만날 수 있었다.
야곱은 이삭이 죽은 후에도 헤브론에 남았는데
그곳은 하나님이 준 '약속의 땅'이었기 때문이다.

이집트의 요셉

요셉 형~~!
베냐민.
아버지가 부르셔, 형.
알았어. 금방 갈게.
……
메에
메에
맨날 요셉만 부르시고
아버지가 제일 이뻐하시잖아.
사랑했던 사람의 아들이라 그래.

칫!!!
응…
으응…!
…!
또 희한한
꿈을 꿨어.
내일 형들한테
얘기해봐야지.

어젯밤에 또 신기한 꿈을 꿨어요.
그래?
무슨 꿈이지 얘기해봐라.
해와 달과 하늘의 별이 다 저한테 절을 하는 거예요.
뭐? 해와 달이 절을 한다고?!
전에는 볏단들이 네게 절하는 꿈을 꿨다고 하더니…
이번에는 뭐? 하늘의 별?
잘난 척도 정도껏 해라!
다들 그만해.
……
어쩌면 여호와께서 요셉을 택하셨을지도.

형들의 시기로 요셉은 구덩이에 바지게 된다.
형들, 나 좀 꺼내줘!
안 돼!
더 이상은 못 참겠어. 거기서 죽어라!
이렇게라도 하지 않음 분이 안 풀리겠지.
나중에 다시 와서 구해주자.
……
형들은 나를 질투하고 있는 거야.
분명 하나님께서 꺼내주실 거야. 믿고 기다리자!
어? 요셉은 어디 갔어?
사실은 아까 여행자들이 지나가길래…

뭐엇?!
요셉을 노예로 팔았다고?!
응. 이집트로 간다고 하더라구.
형 괜찮아. 이것 봐
요셉 옷에 염소 피를 발라놨어.
아버지께는 짐승한테 잡아먹혔다고 할게.
아아…
이게 무슨 일이냐, 요셉아…
아아아…!!
요셉…
미안하다, 요셉. 사실대로 말씀드릴 용기가 없어…

그 후 요셉은
이집트에
노예로
팔려갔다.
요셉을 산 주인은
요셉을 아주 마음에
들어 했고, 자신의
집과 재산을 모두
요셉에게 맡길 정도로
그를 믿었다.
요셉!
사모님…
내가 이렇게
부족함 없이
잘 지내는 것도
주님이 함께
하시기
때문이야.
요셉, 이따
내 방으로
오너라.
알았지?
…네.

너는 왜 나랑 자는 걸 자꾸 거부하는 거야?!
왜 그래?
사모님! 이러지 마세요!!
저는 큰 죄를 지어서 하나님을 배신할 수 없습니다!
아뇨! 주인님은 당신을 제게 맡기지 않으셨어요. 사모님은 주인님이 사랑하는 분이세요.
노예면 노예답게 내 명령에 따르면 돼!
까아아!!
……
꼬옥
나쁜 자식… 나한테 망신을 주다니…!
요셉!

왜 그러세요, 사모님?!
요셉… 그 자식이 나를 덮치려고 했어.
이 옷이 그 증거야.
누명을 쓴 요셉은 궁중 감옥에 갇혔다
어쩌다 이런 일이…
형들이 나를 구덩이에 밀어넣었을 때랑 똑같아.
얼마 후, 두 남자가 감옥에 들어왔다.
한 사람은 왕의 술을 따르는 신하였고, 다른 한 사람은 궁중에서 빵을 굽는 신하였는데 요셉이 이 둘을 보살피게 되었다.
오늘은 두 분 다 안색이 안 좋으세요. 무슨 일 있으세요?
사실은 어젯밤에 둘 다 이상한 꿈을 꿨어. 근데 이 꿈이 무슨 뜻인지 모르겠어.
하나님께서 꿈을 풀이해주실 거예요.
저한테 그 꿈 이야기를 들려주세요.

내 꿈은 말이지…
내 앞에 세 개의 가지가 달린 포도나무가 있는데 그 나무는 싹이 나자마자 포도송이가 달려 곧 익었어. 나는 그 포도를 따서 즙을 만들어 술잔에 부어 왕에게 갖다 드렸지.
아아, 알겠어요.
뭐?!
세 개의 가지는 사흘을 의미해요. 아저씨는 사흘 안에 여기서 나가 다시 술 따르는 일을 하게 될 거예요.
진짜?!
그럼, 내 꿈도 풀이해줘!
빵을 담은 광주리 세 개가 내 머리 위에 있었거든. 제일 위 광주리에 여러 음식이 있었는데 새들이 그것을 쪼아 먹었어.
이 꿈은 무슨 뜻일까?
……

세 개의 광주리는 아까처럼 사흘을 의미하고요… 사흘 안에 바로 왕이 아저씨를 부르실 거예요.
그래서?
아저씨는 나무에 매달리고, 새들이 아저씨 시체를 뜯어먹을 거예요.
!!
거짓말!
새들이 쪼아 먹던 게 내 살이란 말이야?!
……
흑, 거짓말이야…
사흘 후,
요셉이 말한 대로 둘의 꿈은 현실이 되었다.

그리고 2년 후
요셉!
어?
당신은…!
바로 왕께서 너를 부르신다. 여기서 나가자.
네?!
네가 꿈 해석을 아주 잘한다고 말야.
내 신하가 그러더군, 요셉.
내가 어젯밤에 꾼 꿈의 비밀도 풀어주겠느냐?
알겠습니다.

첫 번째 꿈은 말이다…
내가 나일 강가에 서서 보니 건강하고 살진 암소가 강에서 올라와 풀을 뜯어 먹고 있었다.
그러자 그 뒤에 흉측하고 뼈만 앙상히 남은 다른 일곱 마리의 암소가 강에서 올라와 살진 소들을 먹어 치워버렸다.
두 번째 꿈은 이런 거였다.
줄기 하나에 무성하고 알찬 일곱 이삭이 나오고, 그 후에 마른 일곱 이삭이 그 줄기에서 나와 먼저 나온 무성하고 알찬 일곱 이삭을 삼켜버렸다.
그렇군요.
왕께서 꾸신 두 가지 꿈은 같습니다.
하나님께서 앞으로 일어날 일을 보이신 것입니다.
하나님이…?
일곱 마리 소와 일곱 이삭은 7년을 의미합니다.
의미가 똑같습니다.

살진 소와 일곱 이삭은 7년간의 풍년을 의미하고 그 이후에 7년간 흉년이 온다는 것이냐?
그럼 일곱 마리의
네!
흉측한 소와 마른 이삭은 기근을 의미합니다. 둘 다 '7'이라는 숫자가 나왔으니 앞으로 이집트는 7년간 기근이 들 것입니다.
웅성웅성
뭐라고…?
그렇다면 이를 대비하기 위해 나라를 감독할 총리대신이 필요하겠군.
그렇구나.
스윽
내가 너보다 높은 것은 이 왕좌뿐이다.
하나님이 이 모든 일을 너를 통해 알게 하셨으니 너처럼 총명하고 지혜로운 사람이 없구나.

나는 네게
이집트 땅을
맡기겠다.
이리하여
요셉은
노예 신분
에서 나라
를 지배하
는 총리대
신이 되었
다.
요셉의
말대로
이집트는
7년간
풍년을
맞았다.
곡식은 바다의
모래처럼 많아
그 양을 셀 수가
없었다.
7년간의
흉년은
이집트뿐
만아니라
온 세상을
덮쳤는데
이집트에는
타국에 팔 정도
로 곡식이 많아
각국에서 많은
사람들이
모였다.
와
자
지
껄
!

데리고 왔습니다.
수고했다.
북적
북적
역시 형들이었군.
실은 아까 너희들을 보고 신경이 쓰여서 말이다.
너희는 이곳을 염탐하러 온 첩자가 아니냐?
아닙니다! 저희들은 아버지의 심부름으로 식량을 사러 왔습니다.
저희는 정직한 사람들입니다. 첩자가 아닙니다!

정직하다고…?
네!
저희는 열두 형제입니다. 막내는 아버지와 고향에 있고 하나는 죽었습니다.
그럼 너희들이 진실을 말하고 있다는 거냐?
덜커덕
그러면
너희들을 시험해 보겠다.
믿어주십시오!
그리고 막내를 내게 데려오너라.
진실을 말했다면 할 수 있겠지?
형제 중 하나를 남겨두고 나머지는 곡식을 가져가라.

형제들은
가나안으로
돌아가
아버지에게
이집트에서
의 일을
얘기했다.
네…
시므온이
인질로 잡혔다고?
그리고
어쩐 일인지 곡식을
살 때 낸 돈이 모두
자루 안에
들어 있었어요.
마음을
써주었나 보구나.
이번에 갈 때는
두 배로 가져가서
드려라.
벌써 두 아들을
잃은 거나 마찬가지
인데 더 이상은
안 된다.
하지만
베냐민은
안 된다.
요셉을 팔아서
벌을 받는
거야….
우리가
나쁜 짓을
해서 벌을
받나 보다.

그리고 이집트에 서 가져온 식량이 떨 어질 때쯤
다시 한 번 이집트에 다녀 오너라.
하지만 아버지…!
이번엔 베냐민도 꼭 데려가야 해요.
무슨 일이 있으면 제가 책임지겠습니 다.
그러니 베냐민도 같이 가게 해주세요.
하지만…
아버지!
!
베냐민…
아버지, 제가 갈게요.
시므온 형을 구해와야죠!
주여, 저 아이들을 지켜주소서.

기다렸다. 아버지는 건강하시더냐?
네.
네.
네가 막냇 동생이냐?
...
베냐민…!
훠
익
하나님께서 네게 은혜 베푸시기를…
?

그 후, 요셉은 형제들을 식사에 초대하여 많은 요리를 대접했다.
왜 베냐민만 저렇게 많이 주냐?
글쎄…
그날 밤
모두 잠들었느냐?
네.
베냐민의 자루에 내 잔을 넣어두어라.
확인할 게 있다.
어젯밤은 엄청 즐거웠어.
그러게.
식량이랑 나귀도 얻었으니 얼른 돌아가자.
멈추어라!
짐 검사를 좀 하겠다.
뭐… 뭡니까, 갑자기?
야! 너 이건 뭐야?
어엇?!

전 몰라요!
제가 훔친 게 아니예요!
믿어 주세요!
……
이 녀석을 내 노예로 삼겠다.
나머지는 고향으로 돌아가라.
총리! 그것만은 안 됩니다!!
부탁입니다. 베냐민만은…
아뇨. 저를…!
아버지께서 그 누구보다 막내를 사랑하십니다.
대신 저를 잡아가세요!

이 자들에게 할 말이 있다.
모두 물러가거라!
척
나예요.
나를 보세요.
모두들…
요셉.

이제 저는
형들을
미워하지
않아요.
주님께서는
기근에서 우리를
구하시기 위해
저를 먼저
이집트에
보내셨어요.
그러니 저를 판
일로 슬퍼하지
마세요.
요셉…
형…
베냐민,
오랜만이구나.
요셉
형…!
우아아아아앙

야곱아,
나는 네
아버지의
하나님이다.
이집트로 가는 것을
무서워 말아라.
내가 거기서 네
후손을 큰 민족이
되게 하겠다.
그리고 너희를 다시
가나안으로
돌아오게 할
것이다.
요셉이…
살아
있다고?!
네!
아버지…!
아버지,
보고
싶었습니다.
이제 죽어도 좋다.
살아서 너를
다시 만나다니.
야곱과 요셉은
이집트에서
평생을 보냈고,
죽은 후
가나안에 묻혔다.

이집트 탈출
자자! 움직여!
쉬지마!
일해라! 이스라엘 놈들!!

요셉과 그 형제가 죽은 후에도 그들의 자손인 이스라엘 백성들은 이집트에 살면서 크게 번성했다.
하지만 세월이 흘러 요셉을 모르는 새로운 바로가 왕이 되자–
들어라! 이집트 국민들이여!

이스라엘 자손의 수가 너무 많고 강해졌다.
전쟁이 일어나면 그들이 우리 적과 손을 잡고 우리를 칠지도 모른다.
그들을 그냥 둬서는 안 된다.
그들이 더 이상 늘어나는 것을 막아라!
바로 왕은 이스라엘 백성을 두려워했다.
그들에게 도시를 건설하는 일을 시켜라!

※비돔과 라암셋-재물을 저장하기 위해 만든 도시.

어느 날
바로왕은
전 국민에게
명했다.
이스라엘의
모든 남자아이를
죽여라!!
새로 태어난
아이는 죽여서
나일강에
버려라!
한 명도
빠짐없이 모두
죽여라!!

이때, 이스라엘
사람 아므람과
요게벳 사이에
한 사내아이가
태어났다.
요게벳은
3개월간 아기를
감췄지만
안 되겠어.
더 이상은
못 감추겠어.
그래서
요게벳은
갈대 상자에
아기를
넣었다.

첨벙…
제발…
제발 우리 아기를
지켜주세요!

미리암,
동생을 따라가
볼래?
네!
따라가 보니
공주와
시녀들이
목욕을 하고
있었다.
어머나!
저건 뭘까?
첨벙
첨벙
제가
가볼게요!
갈대 상자예요,
공주님!

어머!
아기야!
버린
걸까?
아유,
딱해라.
……
너희들…
공주님,
안 돼요!
이스라엘
사람의
아기일
거예요!
아무에게도
말하지
말거라.
공주님?!

내가
키울 거야!
이 아기는
이제
내 아이야.
!
첨벙…
공주님!
넌 누구지?
저는
미리암이에요.
이스라엘 사람
입니다.
아기한테
젖을 줄 유모를
알고 있어요.
어머,
정말이니?
그럼 지금
데리고
올래?

내 대신에 아기한테 젖을 주려무나.
이리하여 아기는 젖을 뗄 때까지 친엄마인 요게벳이 키우게 되었다.
자, 공주님.
내 아가!
네 이름은 모세라 하자.
물 속에서 내가 건져냈으니깐 (마샤).

세월이 흘러
모세는
현명하고 건장
한 젊은이로
성장하였다.
모세야.
폐하!
성은이
망극하옵니다.
네 스승이
그러더구나.
네게 가르칠
것이 없다고.
네가
자랑스럽다!

…
…
어머님 방인데?
누구랑 말다툼을 하시나?
공주님!
언제까지 그 일을 비밀로 하실 겁니까?!
그 일?

아뇨!
이대로 계속
폐하를 속일 수는
없습니다!
아무에게도
말하지
말라고 했지.
물론
모세 님은
훌륭하게
성장하셨어요.
폐하께서도
많이
이뻐하시고요.
하지만
…
하지만
모세 님은
이스라엘
사람이지
않습니까!!
입 다물어!!

썩
물러가거라!
…척
어머님.
모세…!
모세.
잘 들으렴.

네가 어릴 때
나일강에서
너를 주웠어.
너는 이스라엘
사람이란다.
하지만
잊지
말아라.
너는 내 소중한
아들이야…
……
내가
이스라엘
사람이라고…?

모세는 점차 핍박받는 이스라엘 백성들을 가엾게 여기기 시작했다.
나는 이렇게 부족함 없는 생활을 해왔는데
우리 백성들은 고통과 핍박을 받아왔구나…
그러던 어느 날, 드디어–
일어낫!
찰싹
일해, 이스라엘 놈!
찰싹

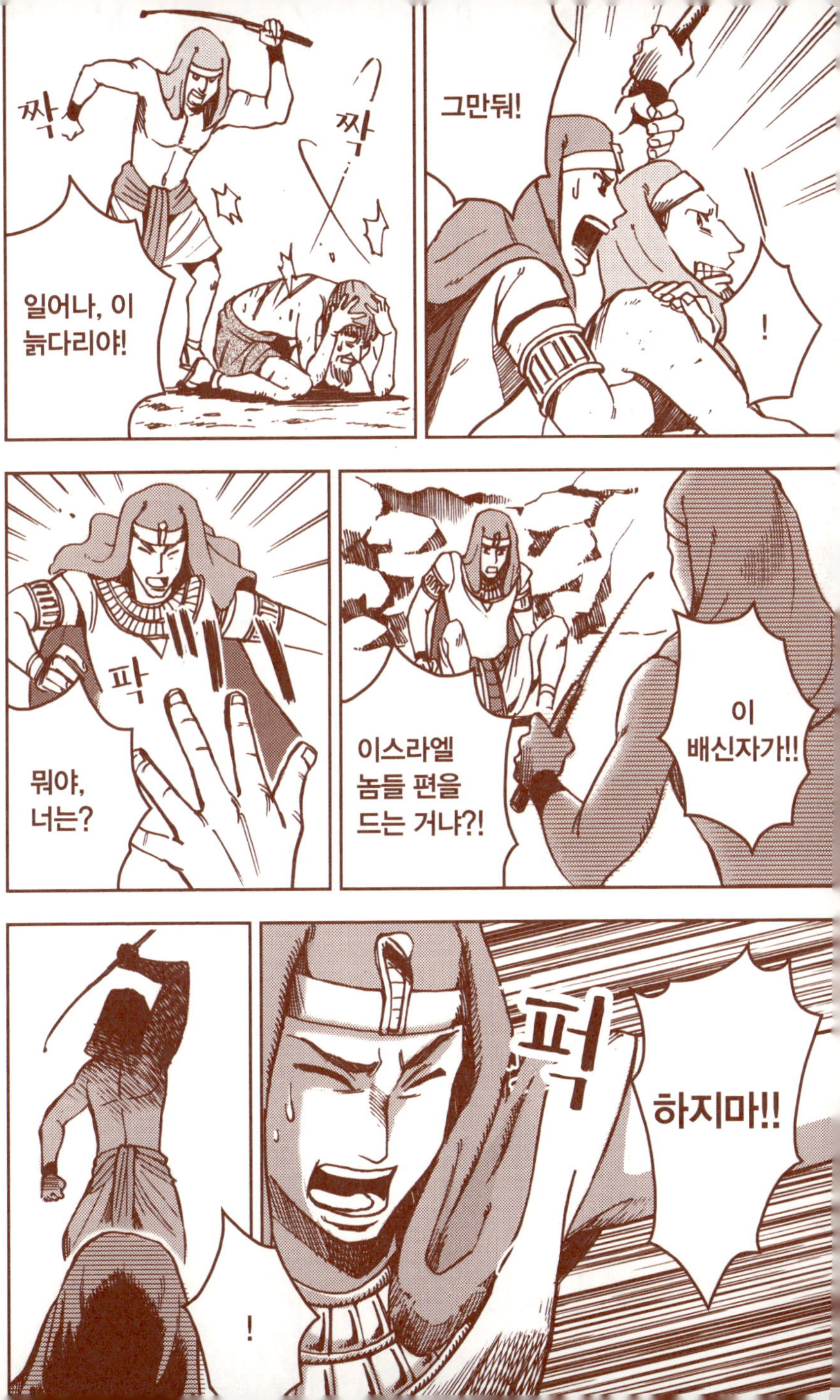
짝
짝
일어나, 이 늙다리야!
그만둬!
!
뭐야, 너는?
팍
이스라엘 놈들 편을 드는 거냐?!
이 배신자가!!
!
퍽
하지마!!

쿵
스스 물물…
헉
헉
헉
부들
부들
부들

탁
탁
모세는 시체를 모래 속에 감췄다.
그리고 얼마 뒤-
이번에는 이스라엘 사람들끼리 싸움이 붙었다.
그만해!
같은 민족끼리 왜 싸우는 거야?!

흥!
니가 감독이나 재판관이라도 되냐?
결국엔 우리도 죽일 거면서!
그 이집트 사람처럼 말야!!
모세!!
어머님…!
네가 이집트 사람을 죽였다는 얘기가 폐하 귀에 들어갔어.
빨리 도망가! 폐하께서 너를 잡아서 처형하시려고 해!

도망가,
모세!
터벅

광야를
헤매던 모세는
미디안 땅에
들어섰다.
바스락

성큼 성큼
거기 여자들! 비켜 비켜!!
당신들!
순서를 지키세요!

야?!
너 혼 좀
나볼래?!
덥
석
뭐라고?!
이 아가씨
말이 맞아.
꽈
악
순서를 지켜라.
흥…
알았다구!
탁

저…
감사해요.
아니
에요.
……
물 긷는 걸
도울게요.
저…
이름이
뭐죠?
십보라
예요.
아버지께서
식사에 초대하고
싶으시대요.

딸들을 도와주어 고맙습니다.
이드로라고 하오.
무슨 사정이 있어 보이는데…
괜찮다면 여기서 지내도 좋소.

모세는
미디안 땅에
머물기로
작정하였고
곧 제사장 이드
로의 딸 십보라
와 결혼하였다.

모세 님!

타다닥…
왜 그래?
이집트 왕이 죽었다고 합니다!
바로 왕이…
그게 사실이냐?!
네!
상인들에게 들었습니다.
공주님에 대해서는 들은 게 없고?
공주님이요?
……
상인들은 알지도 몰라요.
글쎄요…

모세.
왜
그래요?
어머님이
…
돌아가셨어
…
이스라엘 사람인
나를 구해준
분이셔…

이집트에서는 이스라엘 백성들이 핍박을 받고 있어.
나는 어머님 덕분에 편히 지냈지.
우리 백성들은 아직도…
새 왕 밑에서 핍박을 받고 있어…

!
저…
저건!

떨기나무가
타고 있어.
그런데 왜
타서 없어지지
않지?
모세야.
!

신을 벗어라.
네가 서 있는 곳은 거룩한 땅이다.
나는 네 조상들의 하나님,
아브라함의 하나님 이삭의 하나님 야곱의 하나님이다.

나는 내 백성이 이집트에서 고통 받는 것을 똑똑히 보았고 구해달라는 그들의 부르짖음을 들었다.
그래서 내가 그들을 이집트 사람들의 손에서 구출하고 아름답고 넓은 땅으로 인도하려고 한다.
모세야.
나는 너를 바로에게 보내겠다.
내 백성, 이스라엘 민족을 이집트에서 인도해내거라.
팟
주… 주님!

왜…
왜 하필이면
저죠?
제가 대체
누구이길래
그런 일을
할 수 있다고
생각하시는
겁니까?
저는 주님의
이름조차
모릅니다…
'나는 스스로
존재하는 자'이다.
'스스로 존재하는 자'가
나를 여러분에게
보내셨다고 말이다.
이집트에 가서
이스라엘
백성들에게
말하여라.

하지만…
이스라엘
백성들은 저를
믿지 않을
겁니다.
주께서 네 앞에
나타나실 리가
없다고 할 거예요.
모세야.
네 지팡이를
땅에 던져보아라.
툭
쑤
욱

손을 내밀어
꼬리를
잡아라.
!!
촤
악
꽈
악

또 하나님은 모세의 손에 피부병을 일으킨 다음 원래대로 돌려놓았다.
그러나 모세는
주님의 능력은 잘 알겠습니다.
하지만 저는 말을 잘하지 못합니다. 모두에게 잘 전할 자신이 없습니다.
부디 다른 사람을 보내주세요.
모세야.
네게는 형 아론이 있지 않느냐.
나는 아론이 말을 잘하는 걸 알고 있다.
그가 너를 만나려고 여기로 오고 있다.

너는 그에게
할 말을 잘
일러주어라.
네…
네에……
자, 가거라.
나는 네가 말할 때나
아론이 말할 때나
함께하겠다.
내가 너희
할 일을 가르쳐
주겠다.

모세는 아내와 아들을 데리고 하나님의 지팡이를 들고 이집트로 향했다.
가는 도중 형 아론을 만나
하나님의 말씀과 모든 기적을 그에게 전했다.

이스라엘
장로들이여!

주 여호와께서
이집트의 이스라엘 백성을
위해 모세를 보내셨다!
보라!
이것이 증표이다!
오오…!!

이것은 하나님의 기적이다…!!
우리는 지금부터 이집트로 향한다.
그리고 왕 앞에서 이러한 기적을 보이고 주의 말씀을 전할 거다.
주는 말씀하셨다.

내 백성을 고통의 이집트에서 이끌어내어
기름지고 비옥한 약속의 땅으로 인도하겠다.
이스라엘 백성들이여.
주님은 여러분을 돌아보시고 여러분의 고통을 보셨습니다.

주님은 우리와
함께하십니다!
지금이야말로
이스라엘 백성이
해방될 때입니다!
아아…
털썩
주여…

네가 모세냐?

네.
네가 내게
네 신의 말을
전하러 왔다지?
우리 이스라엘의
여호와 하나님께서
말씀하셨습니다.
"내 백성을 보내
그들이 광야에서
나를 기념하는 명절을
지키게 하라."

이스라엘 백성을 보내시어 우리 여호와께 희생제물을 드릴 수 있도록 허락해주십시오.
그렇지 않으면 여호와께서 우리를 죽이실 것입니다.
도대체 여호와가 누구더냐?
왜 내가 그의 말을 듣고 이스라엘 백성들을 보내줘야 하지?
우리 이스라엘의 여호와 하나님께서 말씀하셨습니다.

이 지팡이를
바닥에 던져라.
툭…
!!
지팡이가
…!
뱀으로
변했어!!

폐하.
이건 마술입니다.
지팡이를 뱀으로 바꾸는 건 일도 아닙니다.
쓰윽
오오!!

...
쉭
쉭
샥
콱
!!

꿀
꺽
꿀
꺽
이익…
이
사기꾼들!
이스라엘
백성들을
못 보내!!
너희 신은
가짜야.
절대 못 가!

주의 분노를 보게 될 것입니다.
무슨 헛소리를!
큰 재앙이 이 땅에 내릴 것입니다.
너희들은 게으름을 피우고 광야에 가서 시간을 낭비할 뿐이야!!
새로운 명을 내리겠다!!

앞으로는 벽돌을 만드는 데 필요한 짚을 주지 말고 이스라엘 백성이 직접 가서 구해 쓰게 하라.
하지만 하루에 만드는 벽돌 양은 줄어들면 안 된다.
이스라엘 백성들이여! 매운맛을 보여주겠다!!

이렇게 바로는
이스라엘 백성의
일을 더욱
늘렸다.
들어라!
이스라엘
백성들아!
주님은 너희를
이집트에서 구출하여
노예 신분에서 해방시켜
주신다고
약속하셨다.
그러나
일에 지친 사람들
의 귀에 모세와
아론의 말은
들리지 않았다.
이를
안타깝게
여긴 모세는
하나님에게
부르짖었다.
주님…!

저를 왜
이집트로
보내셨습니까?
저는 주님의
말씀을 바로
왕에게
전했습니다.
그런데 그 뒤
바로 왕은
이스라엘 백성을
더 괴롭히고
있어요.
나는 너를
내 대신
바로에게
보낸 것이다.
아론은
너의 예언자가 되고
너의 말을 대신
바로 왕에게
전할 것이다.

그럼 어떻게 하면 좋을까요?
하지만 바로는 마음이 굳게 닫혀서 네 말을 듣지 않을 것이다.
나는 이집트에 큰 재앙을 내려
내 백성을 이집트에서 이끌어낼 것이다.
그때 이집트는 내가 여호와임을 알게 될 것이다.

또 마술쇼냐,
모세?
아니요.

이 지팡이로 나일강을 쳐라.
물은 피로 변하고 강의 물고기는 다 죽어 썩은 냄새가 날 것이다.
첨벙…
스물 스물
뭐……?
이게 무슨 일이야?!

하나님은 이집트에 계속해서 재앙을 내렸다.
개구리, 이, 파리가 온 이집트를 덮쳤고
전염병, 종기, 그리고 우박이 이집트 사람과 가축을 덮쳤다.

폐하!
이것은 마술이
아닙니다.
신이 하시는
일입니다!
모세
나쁜 자식!!
하지만
바로는 뜻을
굽히지
않았다.
부
아
아
아
아
앙

고오오오
오오오옹
이…
이번엔
뭐야?!
메뚜깁니다.
메뚜기 떼가…!!

메뚜기 떼는 온 이집트를 덮쳤다.
메뚜기 떼가 땅의 모든 풀과 나무 열매를 먹어버려 이집트 어디에도 푸른 식물은 남지 않았다.
또 이집트 전체에 어둠이 깔렸다.
벌써 사흘째다…
이것도 너희 신의 짓이더냐…?
이집트의 어느 마술사도 너희 신의 재앙을 이기지 못했다.

가서
네 신에게
제사를
드리거라…
하지만
양과 소 같은
가축은
안 된다!
…
아니요.
우리가 떠날 때
주께 바칠 가축도
가져가야 합니다.
한 마리도 남겨두지
않고 가져가겠습니다.
뭣이라?!
절대
안 돼!
끝까지 가축을
가져간다고 우기면
너희들도 절대
못 가!!

썩 물렀거라!
꼴도 보기 싫으니
다시는
오지 말라!
다음에 만나면
살려두지 않을
것이야!!
모세야.
나는 또 한가지
재앙을 이집트에
내릴 것이다.
그 이후에
바로는 너희들을
보내줄 것이다.

※유월절 – '유월'은 '넘어가다'라는 뜻으로 출애굽 전날 밤 죽음의 사자가 어린 양의 피를

집집마다
어린 양을
준비하세요.
그리고
어린 양의 피를
집 입구의 양쪽
기둥과 문 위에
칠하세요.
주님께서 정하신
식사를 먹고 언제든
떠날 수 있도록
준비하십시오.
그날 밤에 주님은
이집트 땅을 두루
지나가실 겁니다.
휘익
휘익

주님은 이집트의
장남을 치실 거지만
휘익…
문에
어린 양의 피를
바른 집은
그냥 지나가실
것입니다.
만약
그렇지
않은
집은
이집트의
장남은 모조리
죽을 것입니다.
바로의
아들이라
하더라도
맷돌을 돌리는
노예의 아이라
하더라도

…이제 나도
지쳤다.
모세에게
전하거라.
양도 소도
모두 다 가지고
떠나라고!
이스라엘은
이집트에서
나가라!!
이스라엘
백성들이여.

주님이 우리를
이집트 손에서
구원하셨다.
자
이제…
약속의 땅을
향해 떠나자!
와아아

이날,
이스라엘 백성은
430년간의 긴
노예생활을 끝내고
약속의 땅을 향해
출발하였다.

이집트를
나올 때 모세는
요셉의 유골도
가지고 나왔다.
"하나님이 너희를 구출하시면 너희는
내 유골을 여기서 가지고 나가거라"
응?
모세!
저길 봐!
저건…
구름
기둥…?

주님께서 인도하시는구나.
주님이 우리를 약속의 땅까지 이끌어주실 거다!
자! 저 기둥을 따라가자!
하나님은 낮에는 구름 기둥으로 밤에는 불 기둥으로 인도하였다.
내가 무슨 짓을 한 거지…?
꽈악

이스라엘 놈들을 노예에서 해방시켜
그냥 그대로 보내버리다니…!
폐하!
스윽
이스라엘 놈들이 사막을 넘어 바다로 향하고 있습니다.
바다라고?!
네. 지금 따라가면 그들을 궁지로 몰 수 있습니다.
그렇군…

놈들을
뒤쫓아라!
바다로
몰아넣고
다 죽여버
려라!!
쏴아
쏴아
아…!!

모세 님!
이집트
군대입니
다!
두두두
이집트
군대가
쫓아옵니다!!
두두두
두두
두두
이스라엘
놈들이다!
다 죽여라!!
와아
꺄아

모두 바다로
도망가라!!
?!
모세?!
모두 하나님의
계획하심이다.
주는
말씀하셨다!
네 지팡이를
들고 손을 바다
위로 내밀어라.
그리고
물이 갈라지게
하라!!
철썩

좌아아악

고—오

이…
이럴 수가…!
바다가
갈라지다니…!!
믿을 수
없어…
지금이다!!
다들 서둘러
건너가자!!

쏴아아아
쏴아아
절대
못 간다!!
앞으로
진격하라!!

다다다다다다
서둘러!
이집트 군대가 따라오고 있어!!

모세!!
놓치지 않겠다!!
스윽

우와아아아아아아아앗!!

철썩
쏴아아

이집트 군대가 바다에 잠겼어!!
주님께서 우리를 구하셨다!!
자! 주님을 찬양하는 노래를 불러요!
예언자 미리암이 앞장을 서자 이스라엘 백성들은 하나님을 찬양하는 노래를 불렀다.

그리고
그들의
여행은
계속되었
다.
헉
헉
털썩

괜찮아요?!
기운 차려요!
헉헉…
대체 언제쯤 약속의 땅에 도착하는 거야!
이럴 거면 그냥 이집트에 남을 걸 그랬어.
여행이 길어지자 식량과 물이 부족하여 사람들의 불만은 쌓여만 갔다.
모세 님.

모세 님,
아론 님.
우리는 언제
약속의 땅에
들어갑니까?
왜 그러
느냐?
당신들은
고통을 주기 위해
우리를 이집트에서
끌어냈습니까?
백성들은 목이
마르고 굶주려
있습니다.
하나님은
백성들이 목마름과
굶주림에 허덕이고
있는데도
왜 조용히 보고만
계십니까?!
……

모세야.
내가
이스라엘
백성들의
불만소리를
들었다.
너희가 저녁에는
고기를 먹고
백성들에게
전하여라.
아침에는 빵을
먹고 배부를
것이라고.

이것은 주님께서 주시는 빵이다.
매일 필요한 만큼만 가져가라.
누구도 다음 날 아침까지 남겨두어서는 안 된다.
모세의 말에 따르지 않고 아침까지 남겨둔 빵에는 벌레가 생겼다.
그래서 사람들은 아침마다 필요한 만큼만 거두었는데
이것을 '만나'라 불렀으며 만나는 그들의 식량이 되었다.

그러던 중 일행은 시내 광야에 도착하였다.
사람들은 산을 향하여 천막을 지었다.
모세! 손님이야.
장인어른!
모세!

자네들이 무사히 이집트에서 나왔다는 소식을 들었네.
네, 주님의 인도하심 덕분입니다.
그건 그렇고
밖에 기다리는 사람들은 누구인가?
네, 저건…
백성들이 하나님의 뜻을 알기 위해 저한테 오는 겁니다.
사람들은 무슨 사건이 있으면 저에게 옵니다.
저는 그들의 이야기를 듣고 하나님의 율법과 뜻을 알려주죠.
그거 문제로군!

자네 혼자서
모든 걸 짊어지는 건
옳지 않아.
이대로 가다간
자네도 백성들도
쉽게 지칠 거야.
모세는 이드로의
조언대로 백성
중에서 재판장이
될 인물을 뽑았다.
평소에는
자네들이
백성들을
심판해주게.
그리고 어려운
문제만 모세에게
가져오게.

우
르
릉
번쩍
휘이이이익
보아라!

쿠쿠쿠쿵
주님께서
산 위에
내려오셨다!!

모세는 산에 올라 거기서 하나님의 모든 말씀을 기록하고 사람들에게 전했다.
이스라엘 백성들아,
주께서 말씀하셨다.
너희는 나 외에 다른 신을 섬기지 말라.
우상을 섬기지 말라.
하나님의 이름을 함부로 사용하지 말라.
안식일(주일)을 지켜라.
부모를 공경하라.
살인하지 말라.
간음하지 말라.
도둑질하지 말라.
네 이웃에게 거짓 증언하지 말라.
네 이웃집을 탐내지 말라.
저희는 주님의 말씀을 다 지키겠습니다!

모세는 산기슭
에 이스라엘
열두 지파를
위해 돌기둥
12개를 세워
제단을 쌓은 뒤
번제물과
소를 드리면
서 하나님의
말씀을 낭독
했다.
보아라.
이 소의 피는
주님이
모든 말씀에 따라
너희들과 맺는
언약의 피다.
그리고
모세는 언약
의 표시로
사람들에게
송아지 피를
뿌렸다.
이리하여
시내산
언약이 맺어
졌다.

나는 지금부터 주님을 뵈러 다시 산에 오를게요.
뒤를 부탁해요. 아론 형.
그래.
언제쯤 돌아올 거지?
잘 모르겠어요. 주님이 말씀하시는 동안은 산에 있을 겁니다.
가자, 여호수아.
모세는 다시 하나님을 만나기 위해 산에 올랐다. 40일 낮과 밤이 흘렀다.

모세 님이
산에
들어가신 지
벌써
40일째야.
딱
어
모세 님!!
잘 다녀오
셨어요?
……
왜
그러세요?

주께서
말씀하셨다.
내가
이집트에서
이끌어낸
백성이 죄를
짓고 있다고.
네?
착.
돌아가자,
여호수아!
모세 님.
야영지에서
목소리가
들립니다.
싸우는
소리일까요?
이건 승자의
함성도 패자의
울음소리도
아니야.

노래 부르는
소리가
들리는구나.
모세!

돌아 왔구나!
40일 동안 대체 뭘…
형.
이 동상은 도대체 뭐죠?
성큼
성큼
너희들
주의 계명을 어겼구나.

주께서
말씀하시지
않았느냐.
우상을 만들지 말라고!
나 이외의 신을 섬기지
말라고!
그런데
…!!
이익
휘
왜!!
쨍그랑

모…
모세…
백성들이
불안해서 그런 거야.
네가 40일이나
돌아오지 않으니까.
제발… 제발
화내지마.
우린 눈에
보이는 신이
필요했던 거야.

하지만
모세의
분노는
대단해서
죄를 지은
사람은 모
두 베어 죽
여버리고
금 송아지
동상은 쓰러
뜨린 뒤 갈아
서 가루로 만
들었다.
주여!!

당신
백성의 죄를
용서해주세요.
만약
용서하실 수
없으면
주께서 기록하신
주의 책에서
제 이름을
지워주세요!!
모세의
기도로
하나님의
분노는
가라앉았
고
이스라엘 백
성은 계명을
다시 받을 수
있었다.
보아라!
이것이
주의 계명이 기록된
돌판이다!

※언약궤-하나님이 함께하심을 상징하는 상자로 언약(십계명)의 두 돌비를 보관했다는 의미에서 언약궤라 불렸다.

시내 광야를 떠난
사람들은 언약궤를
앞세우고 다시
약속의 땅으로
향했다.
그리고
드디어
일행은 신
광야에 들
어섰는데
여행은
점점 더
고달파
지기만
했다.
모세 님!

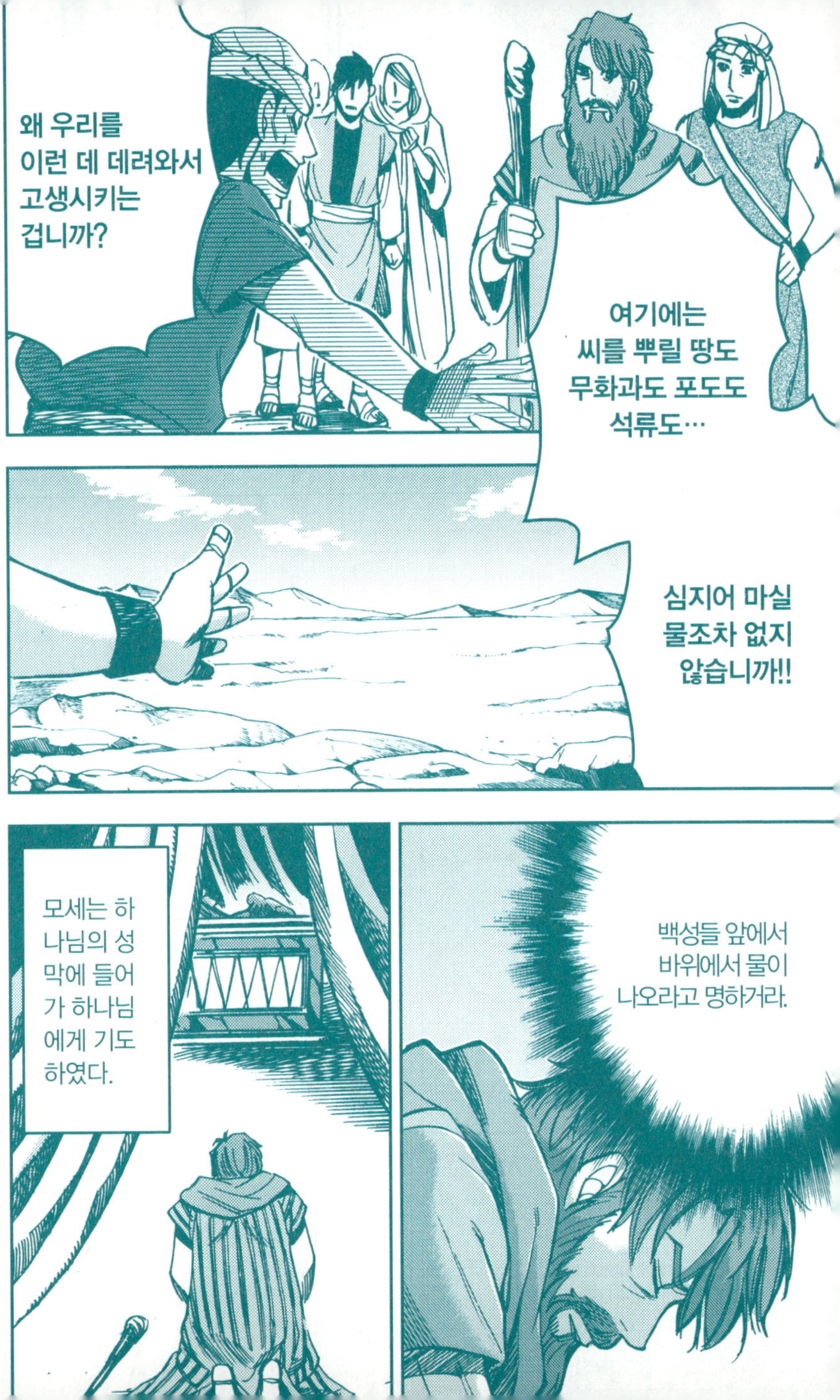

왜 우리를 이런 데 데려와서 고생시키는 겁니까?
여기에는 씨를 뿌릴 땅도 무화과도 포도도 석류도…
심지어 마실 물조차 없지 않습니까!!
모세는 하나님의 성막에 들어가 하나님에게 기도하였다.
백성들 앞에서 바위에서 물이 나오라고 명하거라.

주께
거스르는
자들아!!
왜 너희들은
무슨 일이
있을 때마다
내게 대들고
주를 깔보느냐?
꽈아악…
왜 나는…

탕!
이 바위에서
너희가 마실 물을
나오게 해야 하는
것이냐!!
콱

도도도도도도…
촤
촤악
물…
물이다!!

...쏴아아
이스라엘 백성이
호르 산에
도착했을 때
모세는 하나님의
음성을 들었다.
아론 형.

엘르아살에게
제사장직을
물려주세요.
형은…
약속의 땅에
들어가지 못
합니다.
아론은 아들
엘르아살을
데리고 호르
산에 올라
제사장
옷을 아들
에게 입혀
주었다.
아버지…

내 아들아…
추욱
이집트를 나온 지 약 40년이 흐른 때였다.
아론은 호르 산에서 숨을 거두었다.
아버지!!
사람들은 아론의 죽음을 슬퍼하며 30일간 눈물을 흘렸다.

광야에서의 굶주림과 목마름,
또 다른 민족과의 전쟁 등 힘든 일을 겪으면서 사람들은 여정을 이어나갔다.
모세 님.
부르셨습니까?

여호수아.
나는 늙었구나.
이제 곧 주님은 백성들을 약속의 땅으로 인도하실 게야.
하지만 나는 그 땅을 밟지 못할 것이다.
네?
그게 무슨 말씀이에요!
주의 뜻이다.
여호수아.

기억 하느냐?
내가 사람들 앞에서 바위에서 물을 나오게 했을 때 말이다.
그때 나는 내 감정에 너무 휩싸여서
주의 뜻을 잊고 있었다.
백성들은 마음이 비뚤어져서 아마 같은 실수를 반복할 게야.
여호수아 너도 알고 있지?
백성들을 약속의 땅까지 이끌어줄 사람이 필요해.

그 사람이 바로
네가 될 게야,
여호수아.
모세 님!
척
전…!!
주님이
너를
택하셨단다.
모세는
하나님의 뜻에 따라
이스라엘 백성
앞에서 여호수아를
후계자로 임명했다.

모세는
하나님의
말씀대로
네보산에
올랐다.
여호수아,
보아라.
저곳이
주께서 약속하신
땅이다.

너희 앞에는 적이 있다.
그러나 두려워 말고 나아가거라.
주께서 너희와 함께하실 테니까.
주의 종 모세는 주의 명령에 따라 모압 땅에서 생을 마쳤다.
이스라엘에는 두 번 다시 모세와 같은 예언자가 나타나지 않았다.

여호수아
너는 내가 주겠다고 약속한 땅으로 백성들을 인도해야 한다.
여호수아.
굳세어라. 용기를 내어라. 너의 하나님 나 여호와가 너와 함께하겠다!
당신이 명하시면 뭐든지 따르겠습니다.
...
여호수아 님.
아무쪼록 마음을 굳게 먹고 용기를 가지십시오!

여호수아 일행은 가나안 땅에 들어 가기 위해 여리고가 보이는 요단강 건너편까지 와 있었다.
다들 들어라.
우리가 가나안 땅으로 들어가기 전에
먼저 저곳 상황을 알아야 한다.
거기 두 사람!
둘은 여리고에 다녀와 주게.
부탁하네.
네!

무사히 들어왔어.
응.
그런데 성벽이 너무 높아 쳐들어가기 힘들겠어.
그러게 말야.
어디 묵을 곳을 찾아보자.
오늘은 이쯤 해두자.
저 두 사람…
이스라엘 사람이다!
여리고에 쳐들어오려는 거야!

어라?
무슨 일
있어요?
라합.
당신들,
이스라엘
사람들이죠?
알면서
우리를
받아줬구나.
우리 백성들은
이스라엘의
하나님을 두려워
하고 있어요.
저도
그 무서움을
알기 때문에
당신들을 돕는
건데요…
쾅
쾅
!

왜 그러시죠?
여기에 이스라엘 놈들이 있다고 들었다.
네?! 혹시 두 사람인가요?
그래!! 알고 있느냐?
문이 닫히기 전에 여기서 나간다고 했으니까 서두르면 잡을 수 있을 거예요.
그 두 사람은 어두워지자마자 나갔어요.
좋았어!
…
휴…
이리 나오세요.
이제 괜찮아요.

감사합니다. 덕분에 살았습니다.
저기…
당신들은 이 도시를 공격할 거죠?
그때 저와 제 가족은 살려주세요!
물론이죠!
병사들이 아직 있을지 모르니 사흘간 산에 피해 계세요.
알겠어요.
당신도 창문에 붉은 실을 묶어두는 걸 잊지 말아요.
우리가 그 표시를 보고 구별할게요!
사흘 후
붉은 실이라고? 알았네.
여리고 사람들이 우리를 두려워하고 있다.
성벽을 어떻게 공격하느냐가 문제군.

다음 날
제사장들은 언약궤를 들고 먼저 건너가거라.
첨벙
저길 봐!
웅성 웅성
아아…!
도도도도
이제 강을 건너가자.
주께서 우리와 함께 하신다.
강물이 둘로 갈라졌어.
모세 님 때랑 똑같아.
강을 건넌 일행은 여리고 동쪽에 있는 길갈에 진을 치고, 그곳에서 유월절을 지냈다.

휙
당신은 우리 편입니까, 적입니까?
…
나는 여호와의 군대 총사령관이다.
너는 신을 벗어라. 네가 선 곳은 거룩한 땅이다.
…
주께서 무슨 말씀을 하시려는 겁니까?
…

야.
엉?
이스라엘 녀석들 공격할 마음이 없나 본데?
그러게.
6일째 매일 저러고 성벽 주위를 한 바퀴 빙 돌 뿐이야.
무슨 생각인지 전혀 모르겠어.
…
7일째
6일간 우리는 주의 명대로 성벽을 돌았다.

그리고 오늘!
드디어
때가 되었다!
뭐야?
평상시랑
다른데?
모두들!
지금이다!
목소리를
높여라!!
부아앙
우오오오
빠직
빠직

뭐?!
우르르르!
우와아아!!!
지금 이다!!
들어 가자!!
와아 와아 와아
라합과 가족을 구출하라!!

크—학!!
자! 라합, 여기서 나가요!

화르르르…

와아아아
이리하여
하나님이
함께하시는
이스라엘
백성은
여리고를 정복
하는 데
성공했다.

좋은
물건도 많이
남았는데?
그러게.
그런데 손에 넣은
물건은 하나님의
보물창고에 넣어야
한다잖아.
훔치지마!
나도 알거든!
…
여호수아 님,
드디어
해냈네요.
그래.

모세 님께서
이루지
못하신 것을
저희들이
해냈네요.
아니.
아직
끝이
아냐.
주께서는
이 가나안 땅
전부를 주신다고
약속하셨어.
오늘은
가나안 정복의
첫걸음일
뿐이야.

지중해
아이
벧-호론
기브온
막게다
여리고
립나
에그론
라기스
사해
드빌
헤브론
여호수아 일행은 여리고 정복 후에도 착실히 가나안을 정복해 나갔다.
아이에서 한 번 패배했지만
하나님의 인도하심으로 정복에 성공했다.
이후에도 오랜 시간에 걸쳐 전쟁은 계속되었지만
하나님의 보호 속에 모든 적을 물리친 이스라엘 백성은 열두 지파로 나뉘어
각 지파에게 주어진 가나안 땅에 정착하였다.
이스라엘의 온 지파들이여.

너희는 여호와를 두려워하며 진실하고 성실하게 섬겨라.
만일 여호와를 섬길 마음이 없다면 다른 신을 믿어라.
여호와를 버리고 다른 신을 섬기는 일은 절대 없습니다!
…
너희는 여호와를 섬기지 못할 것이다!
주는 거룩한 하나님이시며 질투의 하나님이시다.
우리가 아이에서 패배한 이유는 여리고에서 얻은 물품을 훔친 자가 있었기 때문이다.
주는 우리의 배신과 죄를 결코 용서하지 않으신다. 그래서 나는 그 자를 죽이라고 명하였다.
만일 너희가 여호와를 버리면 주는 너희를 쳐서 멸망시키실 것이다.

아뇨, 여호수아 님!
우리가 여호와를 꼭 섬기겠습니다!
주님은 진짜 하나님이십니다!
여호수아는 그날 백성들과 언약을 맺고 성소가 있는 상수리나무 아래에 맹세의 돌을 세운 뒤
열두 지파를 그들의 땅으로 보냈다.

여호수
아가
죽은 후
한동안 그들은
하나님을 믿었
지만 점차
그들의 맹세는
서서히
잊혀져갔다.
그리고 하나님에
대한 믿음을 잃고
다른 신을 섬기게
되었다.
이스라엘 백성은
여러 번 위기에
처했다.
위기 속에서
이스라엘
백성을 구한
것은
'사사(士師)'들
이었다.
기드온

사사의 시대
미디안 놈들이 농작물을 다 가져갔어…
내 소랑 양도 다 죽여버렸어.
이건 주의 존재를 잊고 다른 신을 섬긴 벌이야.
계속된 평화에 우리는 죄를 짓고 주를 배신했어.
이스라엘 백성들은 몇 번이나 주를 배신하고 반성하는 일을 반복했다.
그럼에도 불구하고 사람들의 부르짖음을 들은 하나님은 한 사람을 불렀다.
주님…
제발 저희를 구해주세요.

바스락
누구지
이 사람?
네?!
용사여,
여호와께서
너와 함께
하신다.

설마
이분은 천사인가?
여호와께서 우리와 함께하신다면 어째서 우리는 불행한 거죠? 여호와께서는 우리를 왜 미디안 사람의 손에 넘기셨나요?
기드온. 네 힘으로 이스라엘을 구하여라.
?!
이게 말이 돼?
꿀꺽
저는 어리고 약합니다. 제가 어떻게 이스라엘을 구할 수 있겠습니까?
걱정마라. 여호와께서는 너와 함께하신다.

저와 말씀하시는
분이 진짜 천사라는
증거를 보여주세요.
그럼…
부탁드립니다.
그때까지 이곳에
계셔주세요.
제가 가서
예물을
가져올게요.
네가 돌아올
때까지 기다리겠다.
좋다.

기다리셨죠?
예물입니다.
오냐.
예물을 바위
위에 두어라.
스
윽
?
화
르
륵
!!
우왓!

어? 사라졌어.
대단하다…
순식간에 다 타버렸어.
……
틀림없어. 저분은 주의 천사야.
그날 밤, 하나님은 기드온에게 말씀하였다.
네 아버지가 섬기는 바알의 제단을 헐고 네 하나님 여호와를 위해 돌을 쌓아 제단을 만들어라.

그날 밤, 기드온은 여러 명의 종을 데리고 제단을 부수러 갔다.
됐어!
서둘러서 여호와의 제단을 만들자.
사람들 눈에 띄면 안 돼.
됐다. 이제 번제물을 드리자.
저 녀석들…
이 밤중에 뭐하는 거야?
이튿날 아침, 마을 사람들은 헐린 제단과 새 제단을 보고 분노하며 범인을 찾아 나섰다.

쾅
쾅
쾅
문 열어! 기드온 어딨어?
쾅
숨어도 감춰도 소용없어. 다 알고 왔다!
제단을 부순 범인이 기드온이래.
본 사람이 있었구나…
끼익…
요아스!
거참, 시끄럽네!
네 아들이 우리 바알 제단을 부쉈다고.
너는 책임지고 네 아들을 죽여라!

당신들은 바알을 위해 싸울 작정이야?
당신들이 바알 신을 구하고 싶어?
바알이 진짜 신이면 직접 내 아들과 싸우라고 해!
쾅!!
잘 들어.
바알은 자기 제단이 헐린 거잖아.
감사 합니다, 아버지!

그 후, 미디안과 아말렉 연합군이 요단강을 건너 이스르엘 골짜기에 진을 쳤다.
기드온!
왜 그래?
미디안 연합군 얘기는 들었지?
기드온, 부탁이야!!
앞장서서 우리와 함께 싸워줘!
뭐?!
이것도 주께서 하시는 일이겠지?
어… 알았어.

주님…!
제게 이스라엘을 구하라고 하신 말씀이 진실이면
양털 위에만 이슬을 내리시고 나머지 땅은 젖지 않게 해주세요.
그걸로 제가 진짜로 이스라엘을 구할 수 있는지 확인해보겠습니다.

다음 날
굉장해. 주께서 내 말을 들어주셨어.
하나님은 그의 말을 듣고 땅만 젖게 하였다.
그러나 기드온은 자신감이 생기지 않아 이번에는 반대로 양털은 마르고 땅은 젖게 해달라고 기도하였다.
기드온은 적군의 남쪽에 있는 하롯샘 곁에 진을 쳤다.
주님! 이제 자신감이 생겼어요.

웅성 웅성
웅성 웅성
됐어.
이 정도면 이길 수
있겠어.
기드온아.
네!

그들이 만일 전쟁에
이기면 자기들 힘으로
이긴 줄 알 것이다.
그러니 두려워서
떠는 자는 누구든지
집으로 돌려보내라.
병사가 많다.
?!
그렇구나. 백성들이
그렇게 생각할 수도
있겠다.
기드온아.
그래서
기드온은
3만 명이 넘은
병사 중에서
싸울 의지가
있는 병사
1만 명만 남겨
두었다.

아직도 많다.
네?!
병사들을
물가로 데리고
가거라.
개처럼
혀로 물을
핥아 먹는 사람과
무릎을 꿇어 마시는
사람은 너와 함께 가지
못한다.
이럴 수가…
결국 남은
인원이
300명뿐
이라니…
기드온은
300명의
병사만 남기
고 나머지
병사를
집으로 돌려
보냈다.

어떻게
300명으로
연합군을
무찌르지?
하아…
만일 두렵다면
네 부하 부라를
데려가서
상황을 보고
오너라.
!
기드온아.
적의 진영을
공격하여라.
백성들을
지키려면
해야만 해.
솔직히 무섭지만
주님이 나와 함께
하셔!
…
꿀꺽

다들 자고
있는 것
같아요.
그래.
어…
미안…
다들 깨잖아!
야, 큰 소리
내지마.
뭐라고?!
?!
네가
이스라엘한테 지는
불길한 꿈을 꿨다고
하니까 그렇지.

기드온 님.
들으셨어요?
주님…
주님
은혜에
감사드립니다!
일어나라!
주께서
적을
우리 손에
넘겨주셨다!
두려워하지
말아라!
주께서 우리와
함께하신다!
세 부대로
나눠서 각
병사는 나팔과
횃불이 든
항아리를
준비하여라!

다들 잘 들어.
준비됐나?
야, 교대시간이다.
오 그래.
그리고 주를 위해 큰 소리를 질러라.
내가 적의 진영 끝에 도착하면
피리를 불면서 항아리를 깨뜨리고 횃불을 들어.
네.

지금이다!!
쨍그랑
좋아!
부아아앙
뭐야
뭐야?!
흐읍…

흐
읍
주를 위해!
기드온을
위해!!
자, 모두
가자!
뭐야?!
부아앙
완전히
둘러싸였어!!
엄청난
숫자야!!

뭐하는 거야?! 우리 편을 왜 죽여?
헉
헉
?!
크아아아아악
와아아아
큰일 났어. 빨리 도망가!
?!
너도 배신자냐…?
헉
기드온 군대의 습격에 혼란에 빠진 연합군은 서로를 죽이고 진영을 버리고 도망갔다.
싫어! 하지 마!!
무슨 소리를 하는 거야?
그 후, 기드온은 미디안에서 완전한 승리를 거두고 이스라엘은 40년간 평화를 지켰다.

사사의 시대에는 다른 나라와 전쟁이 끊이지 않았다.
기드온이 죽은 후에도 미디안처럼 이스라엘을 공격하는 나라와 전쟁이 계속되었다.
그러자 백성들은 이스라엘을 통치할 왕을 요구하기 시작했다.
사무엘, 우리는 이제 하나님이 아니라 인간 왕이 필요하오.
하지만 장로들이여, 사람이 사람을 다스리는 것을 주가 허락하시겠소?
사무엘
부탁일세. 이건 우리 모두의 의견이야.
예언자이자 사사인 당신이라면 적당한 사람을 찾을 수 있을 거요.

백성의 말을 들어주어라. 백성들은 네가 아니라 그들을 다스리는 나를 밀어낸 것이다.
내가 백성들을 이집트에서 이끌어낸 날부터 오늘날까지 그들은 나를 저버리고 다른 신을 섬겨왔다.
사무엘아.
……
꽈악
하지만… 당신들은 그때부터 평생 왕의 노예가 될 것이요.
오오!
알겠소.
당신들 뜻대로 하시오.

당신들이 도움을 구하고 부르짖어도 주님은 응답하지 않으실 것이오.
그래도 상관 없는가?
상관없소. 그래도 우리는 꼭 왕이 필요하니까.
알겠네. 다들 집으로 돌아가게…
주님…

왕의 시대
그러던 어느 날
아유, 큰일이네. 아무리 찾아도 안 보여요.
어쩔 수 없지. 나귀는 포기하고 돌아가자. 너무 늦으면 아버지께서 걱정하셔.
아!
사울 님, 그거 아세요?
저 마을에 예언자가 있대요. 나귀가 어디로 도망갔는지 가서 물어봐요!
예언자…?

성큼
성큼
사울 님,
저분이에요.
!
저기…
주께서
택하신
청년인가?
아, 네…
멍-
나는 자네들
을 기다리고
있었어.
네?!
안심하게나.
나귀는 벌써
찾았다네.
그날 밤,
사무엘은
사울을 식
사에 초대
했다.

다음 날
사무엘 님께서 내게 하실 말씀이 있다고 하니 너는 먼저 집으로 돌아가 있어.
알겠어요.
네…?!
제가 이스라엘 왕이요?
그렇다네.
주께서 자네를 택하셨다네…
사무엘은 사울에게 기름을 붓고 거룩하게 구별하였다.
이제 백성들에게 그가 왕인 걸 알리는 일만 남았는데…

사무엘은 이스
라엘 백성들을
미스바에 모아
놓고 왕을 선출
하기 위한 제비
뽑기를 하였다.
사울이
뽑혔어?
베냐민
지파지?
그 사람은
여기 와
있나요?
짐꾸러미
사이에 숨어
있다네.
사울 님, 모두가
기다려요!
아! 잠깐만…!
엄청
키가 큰
사람이네.
웅성
웅성
웅성
저 사람이
우리
왕이구나.

척
!
보아라.
이 사람이야말로
주가 택하신
너희들의 왕이다.

와아
사울왕!
우리의 왕, 만세!
짝 짝
짝
사울왕, 만세!!
……
내가 이제 이들 위에 서는 건가…!
어느 날
척 척
응?
다들 모여서 뭐하는 겁니까?
사울 왕이시여.
말 조심해! 주께서 택하신 사람이라고.
저 자가 우리를 구한다고?

저희는 야베스에서 온 사자입니다. 사실은 지금 암몬 사람이 야베스를 차지하려고 합니다.
7일 안에 지원군이 오지 않으면 저희는 오른쪽 눈이 다 뽑혀서 노예가 될 것입니다.
이놈들…!! 절대 용서하지 않겠다.
이때, 사울에게 하나님의 영이 내려 그는 큰 분노를 느꼈다.
그리하여 이스라엘 각지에서 3만 명의 병사가 모였고…
사울은 소를 토막으로 자르고 전쟁에 같이 가지 않는 자는 이처럼 죽이겠다고 말하였다.

사울의 군대는 암몬 사람들을 다 쫓아냈다.
와아아와
우리의 승리다!!
오오
이겼다! 암몬을 무찔렀다!!
사울 님. 당신이 왕으로 뽑혔을 때 반대한 사람들이 있습니다.
그 사람들도 다 죽여버리시죠.
안 된다.
오늘은 백성을 죽여서는 안 된다. 주께서 이스라엘을 구원하신 날이니까.
와아!!
와아!!

※화목제–구약시대 이스라엘 민족이 하나님과 사람과의 화목을 위해 동물을 제물로 드리던 의식.

그러나 사울은 전쟁에서 승리할 때마다 점점 교만해졌다.
그리고 블레셋과 전쟁을 앞둔 어느 날…
벌써 7일이나 지났는데… 제사를 드릴 수가 없잖아.
주님이 함께하시지 않으면 블레셋에는 못 이겨.
사무엘 님은 언제 오시는 거야?
상관없다. 나는 왕이다.
안 됩니다! 제사장이 아닌 자가 제사를 드리다니요.
그만 됐다.
내가 제사를 드리겠다.
사울 님!
저 연기는…!
……

사울!
왜 나를
기다리지
않았느냐?
!
사무엘 님.
어쩔 수 없었어요.
블레셋이
공격해오려고 하니까
백성들이
불안해서
저를 버리고
가려고 했단
말입니다.
어리석은 짓을
했구나, 사울아.
네…?!
너는
스스로
너를 망쳤다.
여호와께서는
당신 마음에
드는 사람을
다시 왕으로
세우실
것이야.
사무엘 님!
……

사울 님!
!
방금 전 연락이 왔는데 요나단 님의 활약으로 블레셋 군대가 큰 혼란에 빠졌다고 합니다.
그게 사실이냐?
가자! 단번에 블레셋을 해치우자!!
잘했다, 아들아!!
사울은 무사히 승리를 거두었다.

그 후에도 사울은 승리를 거듭하였고 아말렉도 무찔렀지만
사울!
사무엘 님…
사울아.
왜 주의 말씀을 듣지 않고 아말렉왕을 살려두고 재물을 받았느냐?
그… 그건 사무엘 님께 가져다 드리려고…
변명은 그만두어라. 욕심에 눈이 멀어 네가 챙기려고 했던 게지.
너는 여호와를 버렸다.
그리고 왕으로서의 궁지도 버렸구나.
나는 가겠다.
가지마 …!
가지마요, 사무엘!!
꽈악

찌-익
?!
섬칫!

여호와께서는 오늘 이스라엘을 네게서 떼어내어 너보다 나은 사람에게 주셨다.
척 척
뚝
내가… 무슨 짓을 한 거지…?
그 후로 사무엘이 사울 앞에 나타나는 일은 없었다.

언제까지
슬퍼하느냐,
사무엘.
너는 지금
베들레헴으로 가라.
나는 거기서
다음 왕을
찾았다.
주님…
스
윽
알겠습니다.
말씀대로
따르겠습니다.

어떤가요,
사무엘 님?
제 아들 중에
있습니까?
주님께서 분명
이새의 아들
중에 왕이
될 자가 있다고
하셨는데…
으음
이 안에는
없는 것 같네.
그런가요…
다른
아들은
없나?
막내아들
다윗이
있습니다요.
지금 양을
돌보고
있습죠.
그 아이를
불러오게.

빙글
빙글
휘익
탕!!
다윗!
아버지께서
부르셔.
어, 금방
갈게!
아싸!
다음엔
작은 돌을
맞춰야지.

주께서
저를요?!
그래.
너는
주께서 택하신
백성의 왕이다.
……
자랑스럽게
여겨라.
네…!
사무엘은
사울 때처럼
똑같이 다윗
의 머리에
기름을 붓고
축복하였다.

사울 님
…
으으으…
으…
자꾸
악몽을 꾸시는
구나.
무슨 수가
없나?
이것이
주를 배신한
벌인가…
이런
젠장…

왕이시여.
드릴 말씀이
있습니다.
베들레헴의
다윗이라는 자가
수금을 잘 탄다고
하옵니다.
한 번 불러서 들어
보시면 어떨까요?
다윗
이라…
그럴까?
기분 전환이
될지도
모르겠군.

소리가 참으로 좋구나…
당분간 여기서 지내면서 나를 위해 수금을 타주겠니?
네, 그럼요!
다윗.
고맙구나. 네 덕분에 아버지 기분이 나아지셨어.
정말 다행입니다.
당신은… 요나단 님?
앞으로도 잘 부탁해!
저두요!

다윗이 사울을 섬긴 지 얼마 뒤 블레셋이 이스라엘을 다시 공격해왔다.
그때 다윗은 고향인 베들레헴으로 돌아가 있었다.
이스라엘과 싸운 지도 40일이 됐는데 다들 겁쟁이들 뿐이군!
아무라도 좋다! 이 골리앗을 상대할 자가 없느냐?
젠장! 잘난 척하기는.
네가 가라.
미쳤냐? 재 덩치를 봐.
형들, 왜 그래?
다윗!

왜 여기 있어? 집에 간 거 아니었어?
아버지 심부름으로 왔어. 온 김에 형들 보러 왔지.
그건 그렇고 왜 안 싸우고 있어?
다들 저 골리앗이라는 거인이 무서워서 공격을 못하는 거야.
그래?
주께서 저를 지키셔서 사자를 쓰러뜨린 적이 있습니다. 주님은 이번에도 반드시 저를 지키실 것입니다.
네.
뭐?
골리앗을 해치우겠다고?

좋다. 그럼
해보거라.
감사합니다.
설마 이런
어린애가
나올 줄이야.
어리다고
봐주지
않겠다!
쓱

뭐라고 지껄이느냐!!
내가 네 시체를 새와 들짐승에게 주겠다.
주가 나와 함께 하신다. 내가 네 목을 치겠다!
타앙
척
뭐야?
도망가는 거냐?

이제
겁이 나는
거냐?
탁
휘익
다윗 녀석,
뭐하려는
거지?!
빙글
빙글
콱

털썩
철컹
팍

골…
골리앗이 졌어!
뭐야?
후퇴다!
후퇴하라!!
쫓아가서 잡아라!
블레셋 사람들이 도망간다!!
크학
다윗의 활약으로 이스라엘은 블레셋을 물리쳤다.

다윗!
잘했다!!
골리앗을
돌멩이 하나로
무찌르다니.
주께서 저와
함께하신
덕분입니다.
네가
우리 군에 있어
마음이 든든하
구나.
그렇지…
여호와께서 나를
버리실 리가
없어.
다윗은
앞으로 왕궁에
살면서 요나단과
함께 싸워라.
네.
다윗!
!

요나단 님.
훌륭히 해냈구나, 다윗.
이건 내가 주는 검과 옷이야.
고맙습니다.
그리고 당신은 왕위를 이을 분이시고요!
다윗! 너와의 영원한 우정을 약속할게.
너는 여호와께서 가장 아끼는 사람이다.

영웅들이
돌아왔어!!
우와 아아아
돌아왔다!
사울이
무찌른 적은
천 명이고
다윗이
무찌른 적은
만 명이래!
사울은 천!
다윗은 만!!
뭐야?! 왕은 나라구!
나보다 다윗이 왕으로
적합하다는 거야…?
파직
……!!

뽀로롱
뽀로롱
사울은 천!
다윗은 만!!
이만 됐다.
그만해.
뽀로롱
번쩍
그만
하라고…
하지
않았느냐!!
!!

퍼
억
후우
후우
사울…님…?
……
아버님!
이게 무슨
일입니까?
다윗?!
아무 일도
아니다.
신경 쓰지
마라!
요나단
…

그 후, 다윗은 군 지휘관으로 여러 번 전쟁터로 보내졌다…
그것은 사울이 자신의 손을 더럽히지 않고 다윗을 죽이기 위해서였는데
다윗이 나가는 전쟁마다 승리하며 사울의 계획은 실패로 돌아갔다.

네 손으로
다윗을
죽여라.
지금
진담
이세요?
그래.
넙죽
?
무슨 짓이냐,
요나단.

아버님, 마음을 돌려주세요.
다윗은 미워할 상대가 아닙니다! 블레셋에게서 우리를 구해준 은인입니다!
……
그것도 그렇군.
죽이는 건 그만두겠다.
감사합니다.
그러나…
사울은 요나단과의 약속을 어기고 다윗의 집에 자객을 보냈다.

라마
사무엘 님, 오랜만이에요.
다윗…
사무엘 님, 저를 여기 숨겨주세요.
사울 님이 집으로 자객을 보내 겨우 도망쳤어요.
사울이 …?!
감사합니다.
알겠다. 당분간 여기서 지내거라.
사울아… 어디까지 땅에 떨어지려 하느냐!

그 후, 다윗은 라마를 떠나 요나단과 비밀리에 만났다.
저는 죽을 만한 일을 하지 않았어요.
그랬구나… 아버님께서 나와의 약속을 어기시다니.
그래서 사울 님의 진짜 마음이 알고 싶어요.
다윗…
알았어… 반드시 아버님의 마음을 알아올게.
그때까지 안전한 곳에 숨어 있어.

초하룻날 밤, 왕궁에서는 이틀에 걸쳐 연회가 열렸다.
요나단.
왜 다윗은 오늘 밤에도 보이지 않지?
베들레헴에서 제사가 있다고 해서 다녀오라고 허락했습니다.
요나단…
왜 나한테 말하지 않았느냐?
지금 당장 그 녀석을 끌고 와!
왜 그렇게 다윗을 미워하시죠?

저는 친구를 죽이면서까지 왕이 되고 싶은 마음이 없습니다!!
그러나 다윗은 이 나라를 내게서 빼앗으려 하고 있어. 살려두어서는 안 돼!
요나단. 나는 네게 이 나라를 맡길 거다.
!
터억
…좋다.
그럼 아무에게도 왕위를 주지 않겠다!
꽈악
팍
?!

이게 아버님
마음이구나…
친아들인데
…
이럴
수가…
아니에요.
그동안
감사했어요.
다윗, 미안하다.
내가 아버님을
저버릴 수가
없구나…
진짜로
다윗을
죽일
작정이야!

잘 지내.
언젠가
다시 만나길
기도할게.
네…
너와 나
사이에
하나님이
계시다는
걸 잊지마!
그 뒤
다윗은
광야로
떠났다.
이 이별을
끝으로 다윗과
요나단은 다시
만나지 못했다.

다윗 님.
사람들이
이리 오고
있습니다.
……
어떻게
왔어?
형들!!
다들 사울이
아니라
네 편이야!
네 뒤를
쫓아왔어.
고마워.
맘이
든든하다!
다윗의 가족
과 친척을
포함하여
수백 명의
남자들이
다윗에게로
모였다.
그리고 도망
다니는 사이
에 사무엘이
죽고 다윗은
아내를 만났
다.

다윗이 숨은 곳을 알아낸 사울은 바란 광야까지 군대를 끌고 왔다.
다윗 님, 약 3천 명 정도 되는 것 같습니다.
그래…
아비새, 나를 따라와.
중앙 천막이 사울 님의 천막일거야.

쿨…
다윗 님.
……
소곤
지금이 기회예요. 사울을 죽이세요.
소곤
아냐. 사울 님의 생사는 주께 달려 있다.
그보다 더 좋은 방법이 있어. 사울 님의 창과 물병을 가져가자.

아브넬
장군!
일어나
밖으로
나와라!!
누구야?!
누가
내 이름을
불러?
흥!
아브넬.
너는
왕을 지키지
못했다.
뭐?
너는
다윗이
아니더냐!!
왜
그러느냐?
성큼
성큼
사울 님!

나의 사울 왕이시여.
왕의 창과 물병이 제 손에 있습니다.
내 천막에 있던 창과 물병이 왜…
다윗…
설마?!
다윗은 자고 있는 나를 죽일 수 있었어…
그런데 죽이지 않았어!
그렇다면…
털썩…
사울 님?
나를 죽일 생각이 없었구나.

다윗은
왕위를
빼앗을 생각이
없었어…!
사울 님
…
사울 님,
제가 왕의 목숨을
소중히 여기는
것처럼 주께서
저를 소중히 여겨
모든 고난에서
구출해주십니다.
미안하다,
다윗.
저는 당신을
죽이고 싶지
않습니다.

허허허.
나는 어리석게도 큰 잘못을 저질렀구나.
…
내 아들아.
너는 큰일을 할 것이며 반드시 승리할 것이다.
네게 축복이 있기를.

사람을 불러라.
이 창을 돌려주자.
네.
그 후 사울은 왕궁으로 돌아갔고 다윗은 다시 방랑의 길을 떠났으나…
…
다윗은 사울에 대한 불안한 마음을 떨칠 수 없었다.
그래서 다윗은 사울의 손길이 닿지 않는 블레셋으로 갔다.

그렇군… 사울왕을 믿지 못해 여기까지 왔구나.
후후
좋다! 사울은 나 아기스의 적이기도 하니 손을 잡도록 하지.
감사합니다.
그 후, 1년이 흐르고 블레셋과 이스라엘 간에 전쟁이 일어났다.
큰일 났어… 이러다 사울 님과 싸우게 생겼어.
다윗 님…
전쟁이 일어나자 아기스 왕은 다윗 일행을 소집했으나…
원래 그들도 적입니다!
으음
아기스 님! 다윗은 믿을 수 없습니다.

다윗 일행은
아기스왕의
신하들의 반
대로 전쟁에
참여하지 못
했다.
같은 민족끼리
싸우지 않아
다행이야.
휴…
주님이
함께하지
않으시는
이스라엘은
승산이
없어…
…
블레셋은
강적이야.
요나단 님…
반드시
무사하세
요…!!

내가 입은 상처가 깊구나…
헉
헉
헉
요나단 님, 정신 차리세요!
요나단 님!!
그렇군…
요나단 님께서 전사하셨다는 소식이…!
크학
요… 요나단 님!!
철퍼덕
사울 님!
헉
헉
요나단이…

이스라엘
은 전멸이
구나…
헉
헉
내 명도
여기서 끝이다.
헉
거기
너…
그 칼로
나를
죽여라…
블레셋
손에 죽는
것보다
낫다.
저…저는
못합니다.
한심하긴…
칼을
내놓아라…!
헉
헉

……
사람은 죄 많은 동물이구나.
교만하고
부스럭
부스럭
질투가 많고…
그게 사람이고
그래서 나는 모든 것을 잃었다.
사무엘 님…
꼬옥
이제야 알았습니다.

사람들은
대부분 자신이
어느 정도의
죄를 지으며
살아가는지
알지 못한다…
커헉!!
헉
헉
헉
주여…
저의 죄를
용서해주십시오.
당신의
백성으로
태어난 것은
…저의
자랑
이었습니다!

이리하여 사울과 그의 아들,
그리고 부하들이 모두 죽었다.

……
그렇구나. 사울 님과 요나단 님이 …
사울 님도 요나단 님도 사랑받는 위인이었다.
이스라엘의 명예는 높은 곳에서 죽임을 당했구나.
하나님은 다윗의 목소리를 듣고 그를 헤브론으로 향하게 하였다.
주님! 저는 블레셋을 떠나야 할까요?

사울이 죽은 후 이스라엘을 다스린 것은 사울의 막내아들 이스보셋이었는데
그의 뒤에는 사울의 장군이었던 아브넬이 있었다.
다윗의 군대를 물리치면 이스라엘은 모두 우리의 것입니다.
그러나 아브넬의 군대는 다윗의 군대에 패했고, 그러자 아브넬이 다윗에게 협정을 제안했다.
하지만 아브넬은 다윗의 부하에게 살해당하고
이스보셋도 다윗을 두려워한 신하에게 암살당했다.
이것은 이스보셋의 목입니다.
주께서 다윗 님의 원수를 갚아주셨습니다.
이 나쁜…! 자신의 왕을 죽이다니 절대로 용서 못해!!
다윗은 이스보셋의 죽음을 슬퍼하며 두 명의 하인을 처형했다.

이리하여…
다윗이 왕이 되는 것을 방해하는 세력이 모두 사라졌고, 다윗은 드디어 이스라엘의 왕이 되었다.
그 날, 온 이스라엘은 기쁨에 휩싸였다.

※난공불락 - 공격하기가 어려워 쉽게 함락되지 아니함.

적은 지하수로를
이용해서 물을 도시
안으로 끌어들인다.
너희들은 그 수로를 통해
성 안으로 들어가 성문을
열거라.
네.
잠입
성공!
문지기를
유인하는
사이에 성문을
열자!
끼이이익
성문니
열렸다!
들어가자.
다윗의 군대는
성 안으로 들어
가 순식간에 적
을 무찌르고 예
루살렘을 손에
넣었다.

다윗의 이름은 온 나라에 알려져 많은 예물이 예루살렘에 도착했다.
도시는 크게 발전하였고 새로운 건물도 많이 세워졌다.
왕궁도 도시도 다 완성되었네요.
아니. 가장 중요한 것이 없어.
다윗 님, 어디 가시죠?
언약궤가 있는 기럇여아림으로 간다.
장로들도 나와 함께 갈 수 있도록 전해주게.

백성
들아!
주께서
오셨다!
펄
럭
노래
하고
춤춰라!!
끼
이
익
웅성
웅성
웅성
다윗은
기쁜 나머
지 옷을
벗고 춤을
추었다.
이는 하나
님에 대한
감사와 충
성의 의미
였다.
그 후, 다윗은 성
전을 건축하기
위해 예언자
나단을
찾아갔다.
주께서
말씀하셨
습니다.

다윗에게
이렇게
말하여라.
나는
이스라엘
백성을
이집트에서
이끌어내
함께해왔다.
내가
한 번이라도
내 성전을
지으라고
말한 적이
있었느냐?
나는 앞으로도
너와 함께하며
적을 무찌르고
안식을 주겠다.
네 아들이
후계자가 되어
강한 왕국을
만들어갈 것이다.
그 자가 나의 성전을
세울 것이며 나는
왕국을 영원하게
할 것이다.
…

주님,
알겠습니다.
주의
종께 하신
약속을
지켜주세요.
그 후, 다윗
의 아들 솔로
몬의 시대가
이어졌다.
한낱
목자에
지나지
않았던
다윗은
주의 인도하심으
로 이스라엘의
왕이 되었고,
그 왕국은 다른
나라를 압도할
만큼 큰 나라가
되었다.

다윗 님.
왔느냐.
밧세바.
척
척
나단.
다윗, 제 아들 솔로몬에게 왕위를 물려주신다고 약속하셨잖아요.
그랬지. 그런데 뭘 그렇게 초조해하느냐.
아도니야 왕자가 왕으로 즉위하겠다고 선언했습니다.
녀석…

물론
아도니야도
사랑하는
내 아들이다.
하지만
걱정말아라,
밧세바.
내 뒤를
이을 자는 솔로몬
밖에 없느니라.
나단.
서둘러
제사장 사독과
함께 기혼으로
가서 솔로몬에게
기름을 부어라.
휴우…
네.
웅성 웅성

촤르륵
와아아아아
와아아
만세!
만만세!!
솔로몬
왕,
만세!!
사태를
안 아도
니야는
솔로몬
에게 사
죄하고
저기, 그게,
미안.
용서할게.
그곳에서
솔로몬왕이
탄생하였
다.
다윗은 솔
로몬에게
왕위를 물
려준 며칠
후 숨을
거두었다.
강한
사람이
되거라,
솔로몬.

아도니야는
네 형이야.
나도 도와주고
싶어.
형님이
아버님의
첩이었던
사람을
아내로 맞이
하겠다니…
네?!
그게
정말입니까,
어머님?
그래…
저는 나라를
다스리는 왕으로서
형님을 용서할 수
없습니다!
어머님 마음은
알겠지만 이것은
저를 모욕하는
일입니다.
결국 왕위를
위협하던 존
재는 사라지
고 솔로몬의
지위는 더욱
견고해졌다.
이걸로
됐어…
또 아도니야
를 돕던 요압
장군을 비롯
해 형의 신하
들을 다 죽였
다.
솔로몬
은 이 일
로 형
아도니
야를 죽
였고,

솔로몬은 기브온으로 갔다.
그곳에서 아버지 다윗에게 배운 대로 주의 제단에서 제물을 드렸다.
나도 아버지처럼 훌륭한 왕이 될 수 있을까?
그날 밤, 하나님은 솔로몬의 꿈에 나타났다.
으응…
네게 무엇을 줄까?
벌떡
하나님!
내게 말해보아라.

주께서
저를 택해
왕으로
세워주셨
습니다.
그런데 저는
한 명이지만
주의 백성은 헤아릴 수
없이 많습니다.
모든 사람의 마음을
알기엔 저는 부족합니다.
부디 백성들을
바르게 심판할 수
있도록옳고
그름을 아는
'지혜'를
주십시오.
이전에도
앞으로도 너처럼
얘기하는 사람은
없을 거다.
네게
지혜와
판단하는
마음을
주겠다.
또 네가
구하지 않은
부와 명예도
주겠다.

너희들은
어떤 일로
왔느냐?
흥!
그래서?

저 여자가 제 소중한 아이를 빼앗아갔어요.
제가 아이를 낳고 사흘 후에 저 여자가 아이를 낳았어요.
그런데
태어난 아이가 자다가 저 여자한테 깔려 죽었어요.
그러자 죽은 자신의 아이를 제 옆에서 자던 제 아이와 바꿔치기 했습니다.
아닙니다!
네 말은 다 거짓말이야! 거기 있는 아이는 제 소중한 아이입니다.
죽은 아이는 이 여자 애예요.
제 말을 믿어주세요!

어떡하시렵니까?
이들은 둘이서만 있어서 다른 증인이 없습니다.
얘기만 들으면 둘 다 사실을 말하고 있는 것 같군.
하지만 …
둘 중 하나는 거짓말을 하고 있어.
그렇다면 …
스윽
너희들 말은 잘 알겠다.
칼을 가지고 오너라.
네!
?

도대체 뭘 하시려는 거죠?
…
촤악
둘 다 자신의 말이 옳다고 하니 어쩔 수 없군.
…?!
살아 있는 이 아이를…
둘로 나눠주겠다!
…

어쩔 수
없죠!
잘라주세요!
!
…
스윽
저…!
잠시만요!!
?

저
여자에게
아이를
주세요.
…
그
아이를…
죽이지 말아
주세요…

알겠다.
누가 진짜 부모인지 판가름이 났구나.
철컹
네.
자신의 아이를 죽이라고 하는 부모는 없다.
이것이 나의 판결이다.
…

이 아이는
네 아이다.
솔로몬은
지혜롭게 백성
들을 심판하고
나라를 다스려
그 이름을 널리
알렸다.

7년 후…
드디어 성전이 완성 되었습니다.
그래…

이제 다른 나라와 무역도 활발해지고 이스라엘은 드디어 국가로서 기틀을 마련했다.
이제 언약궤를 성전으로 옮기자.
성전 제단에는 많은 제물이 바쳐졌다.
우르르릉

아아…
주께서 오셨다!
이스라엘의 하나님이시여.
천하에 주와 같은 신이 없습니다. 여호와는 약속을 지키시는 분입니다.
주님의 백성이 마음이 아파 성전을 향해 부르짖을 때
주는 그 기도를 들어주시고 죄를 용서해 주소서.
주께서만 사람의 마음을 아십니다.
그래…

7일간의 축
제가 끝나고
얼마 후
주께서
솔로몬 앞에
나타나셨다.
솔로몬아.
나는
네 기도를
다 들었다.
…
싹
내 마음과
눈이 항상
성전에
머물러 있을
것이다.
네 아버지
다윗처럼 나의
계명을 지킨다면
너의 왕위는
영원할 것이다.
!
감사
합니다.
주님…!

솔로몬은
40년간
이스라엘을
다스렸다.

이스라엘은
다른 나라와의
무역에서도 성
공하여 큰 부를
얻었으며
왕국의 번영은
영원히 이어질
것만 같았다.
왜 그러느냐?
무슨 부탁이라도
있느냐?

네,
솔로몬 님.
그
러
나

제발 제 나라의 신을 섬길 수 있도록 허락해 주시어요.
!
아무리 왕비라 하여도 이건
허락하실 리가 없어.
알겠다…
네 신을 섬기도록 하여라.

무…!
무슨 말씀을 하시는 겁니까, 솔로몬 님?!
저희에게는 여호와가 계십니다.
왜 그런 우상을 허락하시는 겁니까?
나라를 번영시키려면 다른 종교도 인정해야 한다.
이해해다오.
…

나는 아버지의 이름이 부끄럽지 않도록 이스라엘 백성의 평화를 위해 주를 섬겨왔어.
……
게다가 다른 종교까지 인정하였으니…
하지만 이스라엘의 번영을 위해서 주께서 정하신 율법을 어기고 타국의 여자를 아내로 맞이했다.

그러나
지금도 주를 향한 마음은 변하지 않았어.
나는 주를 사랑하고 있다.
하지만

주는 위대한 하나님이며 질투의 하나님이다.
아버지처럼 훌륭한 사람은 되지 못했다.
결국 나는 정해진 길을 걸은 것뿐이야.
그건 내가 하나님보다 백성과의 약속을 우선했기 때문이야.
솔로몬은 이스라엘에 다른 종교를 들여온 것 때문에 하나님의 분노를 샀다.
그때부터 이스라엘의 평화에 검은 그림자가 드리워졌다.

왕국에는 솔로몬에 반발하는 세력이 나타나기 시작했고, 왕의 권위가 흔들리는 가운데 솔로몬은 세상을 떠났다.
에필로그

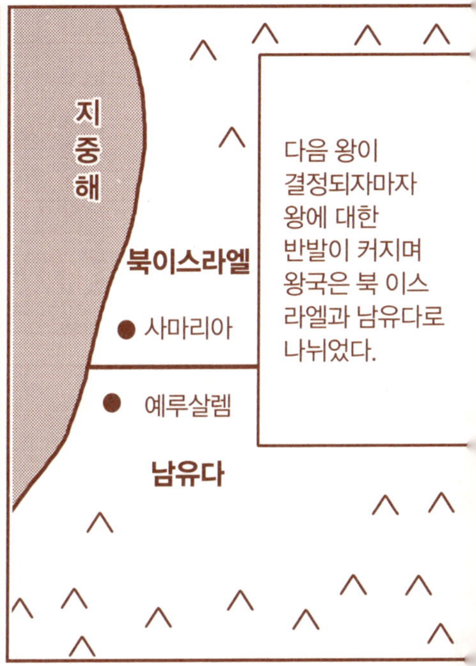

지중해
북이스라엘
사마리아
예루살렘
남유다
다음 왕이 결정되자마자 왕에 대한 반발이 커지며 왕국은 북 이스라엘과 남유다로 나뉘었다.

척
그로 인해 나라의 힘도 반으로 나뉘었다.
척
척

북이스라엘은
당시 세력을
키우던 앗시리아에
멸망당하고
백성들은 노예가
되었다.
또 남유다는
바빌론에 의해 수도
예루살렘이
파괴되면서
많은 백성이 포로가
되었다.
이때를
바빌론
포로 시
대라 부
른다.
포로 생활은
바빌론이 페르
시아에 멸망
당할 때까지
70년간
계속되었다.

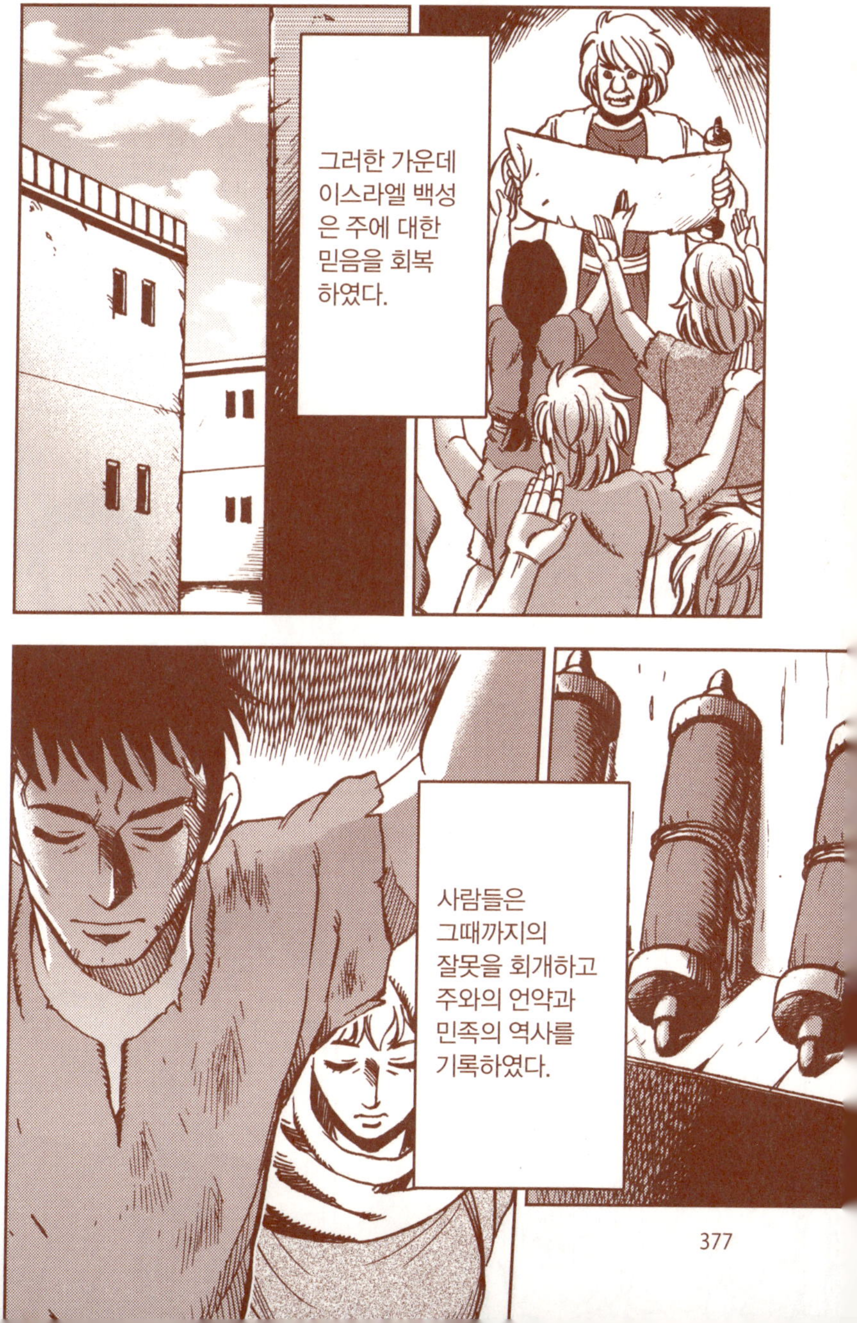
그러한 가운데
이스라엘 백성
은 주에 대한
믿음을 회복
하였다.
사람들은
그때까지의
잘못을 회개하고
주와의 언약과
민족의 역사를
기록하였다.

그로부터 수백 년 후 하나님은 백성의 부르짖음을 듣고 예언자에게 말씀하였다.
억압과 해방이 되풀이되는 역사 속에서
사람들은 예언자들의 말을 듣고 그때를 기다렸다.
수많은 예언자들이 이야기한 그 예언이 실현되기만을 기다린 것이다.

바로 구세주
(메시아)가
오시는 때였
다.

사람들은
언젠가
나타날
구세주와
구원을
고대하며
하나님
에게
기도
드렸다.
「구약성경」은 그 역사
속에서 이스라엘 백성과
하나님 사이에 맺어진
약속에 의해 구세주가
탄생할 때까지의 이야기
를 담고 있다.

그로부터
수백 년이 흘러
하나님은
드디어 백성들
의 기도에
응답하여
한 여인에게
아이를 내려
준다.
그 아이가
훗날 인류의
구세주가 될
예수 그리스
도였다.

그의 탄생과 함께 사람과 하나님 사이의 오랜 약속 「구약」은 이루어졌고
하나님과 사람 사이에 새로 맺어진 약속 「신약」이 시작되었다.

만화로 독파 재밌는 만화성경 구약편

초판 5쇄 인쇄 2024년 4월1일 **초판 5쇄 발행** 2024년 4월20일

글 · 그림 Variety Art Works
펴낸이 김영진
펴낸곳 월드성서원
주소 경기도 고양시 덕양구 덕은로 60-12 우) 412-170

전화 02-765-0011~7
팩스 02-743-6811
성서원 홈페이지 www.biblehouse.co.kr
성서원 북카페 http://cafe.naver.com/biblehouse1972

출판등록일 1997년 7월 8일 (제300-1997-79호)
ISBN 979-89-360-2162-7 03230

성경 이야기가 머릿속에 쏙쏙~
한 번만 읽어도 쉽게
성경의 흐름을 이해한다!
만화 스토리 바이블
• 파노라마식으로 펼쳐지는 연대기적 성경 이야기
• 핵심을 꿰뚫는 탄탄한 스토리
• 일본 최고 만화 거장의 재미있고 드라마틱한 그림
국내 기획물 최초
프랑스어권 4개국, 인도네시아 수출!
– 국내 출간 전, 해외에서 먼저 인정한 책!!
구약 1
구약 2
신약
The Story Bible
구약 1
구약 2
신약
각권 11,000원
★ 교회학교 필독서!
★ 새신자 선물용 도서!
전권 세트 30,000원
성경 이야기가 머릿속에 쏙쏙~